SOUVENIRS

DE

MADAME

VIGÉE-LEBRUN.

IMPRIMERIE DE H. FOURNIER,
RUE DE SEINE, N. 14.

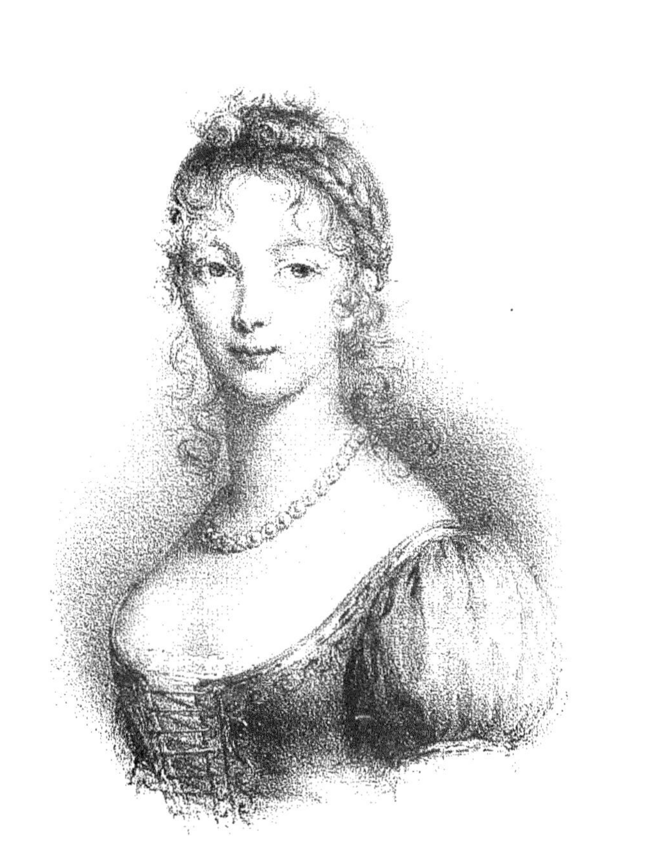

La Reine de Prusse.

SOUVENIRS

DE

MADAME LOUISE-ÉLISABETH

VIGÉE-LEBRUN,

DE L'ACADÉMIE ROYALE DE PARIS,
DE ROUEN, DE SAINT-LUC DE ROME ET D'ARCADIE,
DE PARME ET DE BOLOGNE,
DE SAINT-PÉTERSBOURG, DE BERLIN, DE GENÈVE ET AVIGNON.

> En écrivant mes Souvenirs, je me rappellerai le temps passé, qui doublera pour ainsi dire mon existence.
>
> J.-J. ROUSSEAU.

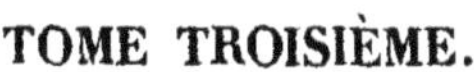

TOME TROISIÈME.

PARIS,
LIBRAIRIE DE H. FOURNIER,
RUE DES PETITS-AUGUSTINS, 26.

1837.

SOUVENIRS

DE

MADAME

VIGÉE-LEBRUN.

CHAPITRE PREMIER.

Paul Ier. — Son caractère. — Incendie à Pergola. — Frogères. M. d'Autichamp, Koutaisoff, madame Chevalier.

Paul était né le 1er octobre 1754, et monta sur le trône le 12 octobre 1796. Ce que j'ai déjà raconté des funérailles de Catherine prouve assez que le nouvel empereur ne partageait point les regrets de la nation, et de plus, on sait qu'il décora du cordon de Saint-André Nicolas Zouboff, qui lui apporta la nouvelle de la mort de sa mère.

Paul avait beaucoup d'esprit, d'instruction et d'activité; mais la bizarrerie de son caractère allait jusqu'à la folie. Chez ce malheureux prince des mouvemens de bonté d'ame succédaient souvent à des mouvemens de férocité, et sa bienveillance ou sa colère, sa faveur ou son ressentiment n'étaient jamais que l'effet d'un caprice. Son premier soin, dès qu'il fut monté sur le trône, fut d'exiler Platon Zouboff en Sibérie, en lui confisquant la plus grande partie de sa fortune. Fort peu de temps après, il le rappela, lui rendit tous ses biens, et toute la cour le vit un jour présenter cet ex-favori aux ambassadeurs de Géorgie avec la plus grande bienveillance, et le combler de bontés.

Un soir, je me trouvai à un bal qui se donnait à la cour. Tout le monde, à l'exception de l'empereur, était masqué, et les hommes et les femmes en dominos noirs. Il se fit un encombrement à une porte qui donnait d'un salon dans un autre; un jeune homme pressé de passer, coudoya fortement une femme, qui se mit à pousser des cris. Paul se retournant aussitôt vers un de ses aides-de-camp: « Allez, dit-il, conduire ce monsieur à la forteresse, et vous reviendrez m'assurer qu'il y est bien enfermé. » L'aide-de-camp ne tarda pas à revenir dire qu'il avait exécuté cet ordre. « Mais, ajouta-t-il, Votre Majesté saura que ce jeune homme a la vue excessivement basse: en voici la preuve; » et il montra les lunettes du prisonnier, qu'il avait apportées. Paul, après avoir essayé les lunettes, pour se convaincre de la vérité du fait, dit vivement : « Courez vite le chercher, et menez-le chez ses parens; je ne me coucherai pas que vous ne soyez venu me dire qu'il est retourné chez lui. »

La plus légère infraction aux ordres de Paul était punie de l'exil en Sibérie, ou pour le moins de la prison, en sorte que, ne pouvant prévoir où vous conduirait la folie jointe à l'arbitraire, on vivait dans des transes perpétuelles. On en vint bientôt à ne plus oser recevoir du monde chez soi ; si l'on recevait quelques amis, on avait grand soin de fermer les volets, et pour les jours de bal, il était convenu que l'on renverrait les voitures. Tout le monde était surveillé pour ses paroles et pour ses actions, au point que j'entendais dire qu'il n'existait pas une société qui n'eût son espion. On s'abstenait le plus souvent de parler de l'empereur, mais je me souviens qu'un jour, étant arrivée dans un très petit comité, une dame qui ne me connaissait pas et qui venait de s'enhardir sur ce sujet, s'arrêta tout court en me voyant entrer. La comtesse Golowin fut obligée de lui dire, pour qu'elle continuât sa conversation : « Vous pouvez parler sans crainte, c'est madame Lebrun. » Tout cela paraissait bien dur, après avoir vécu sous Catherine, qui laissait jouir chacun de la plus entière liberté, sans jamais, il est vrai, en prononcer le mot.

Il serait trop long de raconter sur combien de choses futiles Paul exerçait sa tyrannie. Il avait ordonné, par exemple, que tout le monde saluât son château, même lorsqu'il en était absent. Il avait défendu de porter des chapeaux ronds, qu'il regardait comme un signe de jacobinisme. Des hommes de police avec leur canne faisaient sauter à terre tous ceux qu'ils rencontraient, au grand dépit des personnes que leur ignorance exposait à se faire décoiffer ainsi. En revanche, tout le monde était contraint de porter de la poudre. Dans le temps que parut cette ordonnance, je faisais le portrait du jeune prince Bariatinski, et comme je l'avais prié de ne pas me venir poudré, il y avait consenti. Je le vis arriver un jour, pâle comme la mort. « Qu'avez-vous donc ? lui dis-je. — Je viens de rencontrer l'empereur en venant chez vous, me répondit-il encore tout tremblant; je n'ai eu que le temps de me jeter sous une porte cochère, mais j'ai une peur affreuse qu'il ne m'ait aperçu. » Cette terreur du prince Bariatinski n'avait rien de surprenant; elle atteignait les personnes de toutes les classes; car aucun habitant de Pétersbourg n'était sûr le matin de coucher le soir dans son lit. Pour mon compte, je puis dire avoir éprouvé, sous le règne de Paul, la plus effroyable peur que j'aie ressentie de mes jours. J'étais allée à Pergola (1),

(1) Pergola, dont j'ai déjà parlé, appartenait à madame

où je voulais passer la journée, et j'avais avec moi M. de Rivière, mon cocher, et Pierre, mon bon domestique russe. Tandis que M. de Rivière se promenait, avec son fusil, pour tuer des oiseaux ou des lapins (auxquels par parenthèse il ne faisait jamaîs grand mal), je restais sur les bords du lac, quand, tout à coup, je vis le feu que l'on avait allumé pour faire cuire notre dîner, se communiquer aux sapins, et se propager avec une grande rapidité. Les sapins se touchaient, Pergola n'est pas loin de Pétersbourg!.... Je me mis à pousser des cris horribles, en rappelant M. de Rivière, et, la frayeur aidant, tous quatre réunis, nous parvînmes à étouffer l'incendie, non sans nous brûler cruellement les mains; mais nous pensions à l'empereur, à la Sibérie, et l'on peut juger que cela nous donnait du courage!

Je ne saurais m'expliquer la terreur que m'inspirait Paul, qu'en me rappelant combien

Souwaloff, femme de l'auteur de l'*Épître à Ninon*. Sa fille a épousé le comte Diedestein, Autrichien, et frère de la belle madame Kinski.

cette terreur était générale; car je dois avouer qu'il ne s'est jamais montré pour moi que bienveillant et poli. Lorsque je le vis pour la première fois à Pétersbourg, il se souvint de la manière la plus aimable que je lui avais été présentée à Paris, lorsqu'il y vint sous le nom de comte du Nord. J'étais bien jeune alors, et tant d'années s'étaient passées depuis, que je l'avais oublié; mais les princes en général sont doués de la mémoire des personnes et des noms; c'est pour eux une grâce d'état. Parmi tant d'ordonnances bizarres qui ont signalé son règne, une, à laquelle il était fort pénible de se soumettre, obligeait les femmes comme les hommes à descendre de voiture sur le passage de l'empereur. Or, il faut ajouter qu'il était très fréquent que l'on rencontrât Paul dans les rues de Pétersbourg, attendu qu'il les parcourait sans cesse, quelquefois à cheval, avec fort peu de suite, et souvent en traîneau sans être escorté et sans aucun signe qui pût le faire reconnaître. Il ne fallait pas moins se soumettre à l'ordre, sous peine de courir les plus grands risques, et l'on conviendra qu'il était cruel par le froid le plus rigoureux de se mettre tout à coup les pieds dans la neige. Un jour que je me trouvai sur sa route, mon cocher ne l'ayant pas vu venir de loin, je n'eus que le temps de crier : « Arrêtez! c'est l'empereur! » mais comme on m'ouvrait la portière et que j'allais descendre, lui-même sortit de son traîneau et se précipita pour m'en empêcher, disant de l'air le plus gracieux que son ordre ne regardait pas les étrangères, et surtout madame Lebrun.

Ce qui peut expliquer comment les meilleurs caprices de Paul ne rassuraient point pour l'avenir, c'est qu'aucun homme n'était plus inconstant dans ses goûts et dans ses affections. Au commencement de son règne, par exemple, il avait Bonaparte en horreur; plus tard, il l'avait pris en si grande tendresse, que le portrait du héros français était dans son sanctuaire et qu'il le montrait à tout le monde. Sa disgrâce ou sa faveur n'offrait rien de durable; le comte Strogonoff est, je crois, la seule personne qu'il n'ait point cessé d'aimer et d'estimer. On ne lui connaissait point de favoris parmi les seigneurs de la cour; mais il se plaisait beaucoup avec un acteur français nommé Frogères, qui n'était point sans talens, et qui avait de l'esprit. Frogères entrait à toute heure dans le cabinet de l'empereur, sans être annoncé; on les voyait souvent se promener tous deux, dans les jardins, bras dessus bras dessous, causant de littérature française, que Paul aimait beaucoup, principalement notre théâtre. Cet acteur était souvent admis aux petites réunions de la cour, et comme il portait à un haut degré le talent de mystificateur, il se permettait avec les plus grands seigneurs des mystifications qui amusaient beaucoup l'empereur, mais qui, vraisemblablement, amusaient fort peu ceux qui s'en trouvaient l'objet. Les grands-ducs eux-mêmes n'étaient pas à l'abri des mauvaises plaisanteries de Frogères; aussi, après la mort de Paul, n'avait-il plus osé reparaître au palais. L'empereur Alexandre, se promenant seul un jour dans les rues de Moscou, le rencontre et l'appelle. « Pourquoi donc n'êtes-vous pas venu me voir, Frogères? lui dit-il, d'un air affable. — Sire, répondit Frogères délivré de ses craintes, je ne savais pas l'adresse de Votre Majesté. » L'empereur rit beaucoup de cette bouffonnerie, et fit payer avec munificence à l'acteur français un reste d'appointemens que le pauvre homme jusqu'alors n'avait pas osé demander.

Après avoir vécu long-temps près de Paul, il était naturel en effet que Frogères redoutât le ressentiment d'un souverain; car Paul était vindicatif au point que l'on attribuait la plus grande partie de ses torts à sa haine pour la noblesse russe, dont il avait eu à se plaindre du vivant de Catherine. Il confondait dans cette haine les innocens avec les coupables, détestait tous les grands seigneurs, et se plaisait à humilier ceux qu'il n'exilait pas. Il montrait au contraire une grande bienveillance pour les étrangers, et surtout pour les Français, et je dois dire ici qu'on l'a toujours vu accueillir et traiter avec bonté tous les voyageurs et les émigrés qui venaient de France. Beaucoup de ces derniers ont reçu de lui de généreux secours. Je citerai entre autres le comte d'Autichamp qui, se trouvant à Pétersbourg sans aucunes ressources, avait imaginé de faire des sabots élastiques tout-à-fait jolis. J'en achetai une paire que je fis voir le soir même chez la princesse Dolgorouki à plusieurs femmes de la cour. Ils furent trouvés charmans, et cela, joint à l'intérêt qu'inspirait l'émigré, en fit commander aussitôt un grand nombre de paires. Les petits sabots ne tardèrent pas à arriver sous les yeux de l'empereur, qui, dès qu'il apprit le nom de l'ouvrier, le fit venir et lui donna une très belle place. Par malheur, c'était une place de confiance; les Russes s'en trouvèrent tellement offensés, que Paul ne put y laisser long-temps le comte d'Autichamp; mais il l'en dédommagea de manière à le mettre à l'abri du besoin.

Plusieurs faits de ce genre, que j'apprenais fréquemment, me rendaient, je l'avoue, plus indulgente pour l'empereur que ne pouvaient l'être les Russes, dont le repos était sans cesse troublé par les bizarres caprices d'un fou tout-puissant. Il serait difficile surtout de donner une idée des craintes, du mécontentement et des murmures secrets de cette cour, que j'avais vue naguère si calme et si joyeuse. On peut dire avec vérité que tant qu'a régné Paul, la terreur était à l'ordre du jour.

Comme on ne saurait tourmenter ses semblables sans être tourmenté soi-même, Paul était bien loin de vivre heureux. Il avait pour idée fixe qu'il mourrait assassiné, soit par le fer, soit par le poison, et ce fait, qui est certain, prouve encore combien il régnait d'incohérence dans toute la conduite de ce malheureux prince. Tandis qn'on le voyait parcourir seul les rues de Pétersbourg, à toute heure de jour et de nuit, il prenait la précaution de faire mettre un pot-au-feu dans sa chambre, et le reste de sa cuisine se faisait dans le plus secret intérieur de son appartement. Le tout était surveillé par son fidèle Koutaisoff, un valet chambre de confiance qui l'avait suivi à Paris et ne quittait point sa personne. Ce Koutaisoff avait pour l'empereur un dévouement sans borne, que rien ne put jamais altérer, pas même la jalousie; car Paul lui joua le mauvais tour de lui enlever sa maîtresse, la plus jolie actrice du théâtre de Pétersbourg. Cette femme se nommait madame Chevalier. Elle jouait avec beaucoup de succès dans les opéras comiques. Sa figure et sa voix étaient charmantes, et elle chantait avec infiniment de grâce et d'expression. Koutaisoff l'aimait passionnément, lorsque l'empereur en devint amoureux; ce qui mit le pauvre homme dans un tel désespoir, qu'il en perdit presque la raison, et son service en souffrit, ainsi qu'on le verra plus tard, dans une terrible circonstance.

Paul était excessivement laid. Un nez camard et une fort grande bouche, garnie de dents très longues, le faisaient ressembler à une tête de mort. Ses yeux étaient plus qu'animés, quoique souvent son regard eût de la douceur. Il n'était ni gras ni maigre, ni grand ni petit; et bien que toute sa personne ne manquât point d'une sorte d'élégance, il faut avouer que son visage prêtait infiniment à la caricature. Aussi, quelque fût le danger qu'offrait un pareil passe-temps, il s'en fit un assez grand nombre. Une entre autres le représentait tenant un papier dans chacune de ses mains. Sur l'un on lisait : *ordre;* sur l'autre : *contre-ordre*, et sur son front : *désordre*. Rien qu'en parlant de cette caricature, j'éprouve encore un petit frémissement; car on sent bien qu'il y allait de la vie, non seulement pour celui qui l'avait faite, mais aussi pour tous ceux qui se l'étaient procurée.

Tout ce qu'on vient de lire n'empêchait point que Pétersbourg ne fût alors pour un artiste un séjour aussi utile qu'agréable. L'empereur Paul aimait et protégeait les arts. Grand amateur de la littérature française, il attirait et retenait par ses générosités les acteurs auxquels il devait le plaisir de voir représenter nos chefs-d'œuvre, et l'on ne pouvait posséder un talent en musique ou en peinture sans être assuré de sa bienveillance. Doyen, l'ami de mon père, et le peintre d'histoire dont j'ai déjà parlé plusieurs fois, se vit distingué par Paul comme il l'avait été par Catherine. Quoique fort âgé alors, Doyen avait conservé une manière de vivre si simple et si frugale, qu'il n'avait accepté qu'une partie des offres généreuses de l'impératrice; l'empereur lui continua les mêmes bontés et lui commanda un plafond pour le nouveau palais de Saint-Michel qui n'était pas encore meublé. Le salon, dans lequel Doyen travaillait, était fort près de l'Ermitage; Paul et toute la cour le traversait pour aller à la messe, et il était fort rare qu'en revenant l'empereur ne s'arrêtât pas à causer plus ou moins de temps avec le peintre, d'une manière tout-à-fait aimable. Ceci me rappelle qu'un jour un des seigneurs qui le suivait s'approcha de Doyen et lui dit : « Me permettez-vous, Monsieur, de vous faire une légère observation : vous peignez les Heures qui dansent autour du char du Soleil; j'en vois une là, plus éloignée, qui est plus petite que les autres; cependant les heures sont toutes égales. — Monsieur, lui répondit Doyen avec un grand sang-froid, vous avez parfaitement raison, mais celle dont vous me parlez n'est qu'une demi-heure. » L'observateur fit un signe d'approbation, et s'éloigna très content de lui-même.

Je ne dois pas oublier de dire que l'empereur ayant voulu payer le prix du plafond avant qu'il fût terminé, remit à Doyen un billet de banque d'une somme considérable que je ne me rappelle plus; mais ce billet était enveloppé d'un papier sur lequel Paul avait écrit de sa main : *Voici pour acheter des couleurs ; quant à l'huile, il en reste encore beaucoup dans la lampe.*

Si l'ancien ami de mon père était satisfait de son sort à Pétersbourg, je n'étais pas moins contente du mien. Je travaillais sans relâche depuis le matin jusqu'au soir. Le dimanche seulement, je perdais deux heures qu'il me fallait accorder aux personnes qui désiraient visiter mon atelier, au nombre desquelles se trouvèrent plusieurs fois les grands-ducs et les grandes-duchesses. Outre les tableaux dont j'ai déjà parlé, et les portraits qui se succédaient sans cesse, j'avais fait venir de Paris mon grand portrait de la reine Marie-Antoinette (celui dans lequel je l'ai peinte en robe de velours bleu), et l'intérêt général qu'il excitait, me procurait une douce jouissance. Le prince de Condé, alors à Pétersbourg, étant venu le voir, ne prononça pas une parole, il fondit en larmes.

Sous le rapport des agrémens de la société, Pétersbourg ne laissait rien à désirer. On aurait pu d'ailleurs se croire à Paris, tant il se trouvait de Français dans les réunions. C'est là que je revis le duc de Richelieu et le comte de Langeron; à la vérité ils ne séjournaient pas, le premier étant gouverneur d'Odessa, et le second toujours sur les chemins pour des inspections militaires; mais il n'en était pas de même d'une foule d'autres compatriotes. Par exemple, je liai connaissance avec l'aimable et bien bonne comtesse Ducrest de Villeneuve. Outre que cette jeune femme était très jolie et très bien faite, on remarquait en elle un charme qui tenait à son extrême bonté. Je la voyais fort souvent à Pétersbourg aussi bien qu'à Moscou, ce qui me rappelle qu'un jour, allant dîner chez elle, il m'arriva un accident, qui n'est pas rare en Russie, mais qui m'effraya extrêmement. M. Ducrest était venu me chercher en traîneau; il faisait tellement froid, que j'eus le front tout-à-fait gelé. Je m'écriais dans ma terreur : « Je ne pourrai plus penser! je ne pourrai plus peindre! » M. Ducrest se hâta de me faire entrer dans une boutique où l'on me frotta le front avec de la neige, et ce remède, que tous les Russes emploient en pareil cas, fit cesser aussitôt la cause de mon désespoir.

Mes amis français ne mè faisaient pas négliger les habitans du pays qui me recevaient si bien, et chaque jour augmentait le cercle de mes relations avec les familles russes. Outre tant de personnes dont j'ai déjà parlé, je voyais souvent M. Dimidoff, le plus riche particulier de la Russie. Son père lui avait laissé en héritage des mines de fer et de mercure si productives, que les immenses fournitures qu'il faisait au gouvernement accroissaient sans cesse sa fortune. Son énorme richesse fut cause qu'on lui donna en mariage une demoiselle Strogonoff, issue d'une des plus nobles et des plus anciennes familles de la Russie. Leur union fut fort douce. Quoique sa femme eût du charme et de la grâce dans toute sa personne, il n'en fut, je crois, jamais amoureux, mais elle n'en vécut pas moins très heureuse avec lui. Ils n'ont laissé que deux fils, dont l'un vit le plus souvent à Paris, et, comme son père, est grand amateur de peinture.

CHAPITRE II.

Portrait de l'impératrice Marie. — Les grands-ducs. — Le grand archimandrite. — Fête à Péterhoff. — Le roi de Pologne. — Sa mort. — Joseph Poniatowski.

L'empereur m'avait commandé de faire le portrait de l'impératrice sa femme, que je représentai en pied, portant un costume de cour et une couronne de diamans sur la tête. Je n'aime point à peindre des diamans, le pinceau ne saurait en rendre l'éclat. Toutefois, en faisant pour fond un grand rideau de velours cramoisi, qui me donnait un ton vigoureux dont j'avais besoin pour faire ressortir la couronne, je parvins à la faire briller autant que possible. Lorsque je fis venir ce tableau chez moi pour terminer les accessoires, on voulut me prêter avec l'habit de cour tous les diamans qui l'ornaient; mais il y en avait pour une somme si considérable, que je refusai cette marque de confiance, qui m'aurait fait vivre dans l'inquiétude; je préférai les peindre au palais, où je fis reporter mon tableau.

L'impératrice Marie était une fort belle femme; et son embonpoint lui conservait de la fraîcheur. Elle avait une taille élevée, pleine de noblesse, et de superbes cheveux blonds. Je me souviens de l'avoir vue dans un grand bal, ses beaux cheveux bouclés retombant de chaque côté sur ses épaules, et le dessus de la tête couronné de diamans. Cette grande et belle personne s'élevait majestueusement près de Paul qui lui donnait le bras, ce qui formait un contraste frappant. Le plus beau caractère se joignait à tant de beauté : l'impératrice Marie était vraiment la femme de l'Évangile, et ses vertus étaient si bien connues, qu'elle offre peut-être le seul exemple d'une femme que la calomnie n'osa jamais attaquer. J'avoue que j'étais fière de me trouver honorée de ses bontés, et que j'attachais un grand prix à la bienveillance qu'elle me témoignait en toute occasion.

Nos séances avaient lieu aussitôt après le dîner de la cour, en sorte que l'empereur et ses deux fils, Alexandre et Constantin, y assistaient habituellement. Ceci ne me causait aucune gêne, attendu que l'empereur, le seul qui aurait pu m'intimider, était fort aimable pour moi. Un jour que l'on vint servir le café comme j'étais déjà à mon chevalet, il m'en apporta lui-même une tasse, puis il attendit que je l'eusse bue pour la reprendre et la reporter. Il est vrai qu'une autre fois il me rendit témoin d'une scène assez burlesque. Je faisais placer un paravent derrière l'impératrice, pour me donner un fond tranquille. Dans un moment de repos, Paul se mit à faire mille gambades, absolument comme un singe; grattant le paravent et faisant mine de l'escalader. Ce jeu dura long-temps. Alexandre et Constantin me paraissaient souffrir de voir leur père faire des tours aussi grotesques, devant une étrangère, et moi-même j'étais mal à l'aise pour lui.

Pendant l'une des séances, l'impératrice fit venir ses deux plus jeunes fils, le grand-duc Nicolas et le grand-duc Michel. Je n'ai jamais vu un plus bel enfant que le grand-duc Nicolas (1). Je pourrais encore, je crois, le peindre de mémoire aujourd'hui, tant j'admirai ce charmant visage qui avait tous les caractères de la beauté grecque.

Je conserve de même le souvenir d'un type de beauté, dans un tout autre genre, puisqu'il s'agit d'un vieillard. Quoique l'empereur soit en Russie le chef suprême de la religion aussi bien que celui de l'administration et de l'armée, le pouvoir religieux est exercé sous lui par le premier pope, que l'on appelle *le grand archimandrite*, et qui est à peu près pour les Russes ce que le pape est pour nous. Depuis que j'ha-

(1) L'empereur actuel.

bitais Pétersbourg, j'avais souvent entendu parler du mérite et des vertus de celui qui remplissait alors cette fonction, et un jour, plusieurs personnes de ma connaissance, qui allaient le voir, m'ayant proposé de me mener avec elles, j'acceptai l'offre avec empressement. De ma vie je ne me suis trouvée en présence d'un homme dont l'aspect m'ait autant imposé. Sa taille était grande et majestueuse; son beau visage, dont tous les traits avaient une régularité parfaite, offrait à la fois une expression de douceur et de dignité qu'on ne saurait peindre, et une longue barbe blanche, qui tombait plus bas que la poitrine, ajoutait encore au caractère vénérable de cette superbe tête. Son costume était simple et noble. Il portait une longue robe blanche, coupée du haut en bas sur le devant par une large bande d'étoffe noire, sur laquelle ressortait admirablement la blancheur de sa barbe, et sa démarche, ses gestes, son regard, enfin tout en lui imprimait le respect dès le premier abord.

Le grand archimandrite en effet était un

homme supérieur. Il avait beaucoup d'esprit, une prodigieuse instruction; il parlait plusieurs langues, et en outre, ses vertus et sa bonté le faisaient chérir de tous ceux qui l'approchaient. La gravité de son état ne l'avait jamais empêché de se montrer aimable et gracieux avec le grand monde. Un jour, une des princesses Galitzin, qui était fort belle, l'ayant aperçu dans un jardin, courut se jeter à genoux devant lui. Le vieillard aussitôt cueillit une rose avec laquelle il lui donna sa bénédiction. Un de mes regrets, en quittant Pétersbourg, était celui de n'avoir point fait le portrait de l'archimandrite; car je ne crois pas qu'un peintre puisse rencontrer un plus beau modèle.

A l'époque dont je viens de parler, je vis célébrer à Péterhoff la fête de l'impératrice Marie, avec une grande magnificence. Il est vrai de dire que le lieu y prêtait beaucoup. Ce parc immense, ces belles eaux, ces superbes allées, dont une, entre autres, bordée d'arbres énormes, encadre la mer couverte de vaisseaux; toutes ces grandes beautés naturelles dont l'art a si admirablement bien tiré parti, font de Péterhoff un séjour qui tient de la féerie. Il faisait le plus beau temps du monde, et lorsque j'arrivai vers midi, je trouvai le parc rempli d'une foule immense. Les hommes et les femmes étaient costumés comme pour un bal de carnaval; mais personne n'avait de masque, à l'exception de l'empereur, qui était en domino rose. La cour se distinguait par la richesse et la diversité de ses costumes. Chacun ayànt lutté de magnificence aussi bien que d'originalité, je n'ai jamais vu réunis tant de manteaux brodés d'or, tant de diamans et tant de plumes.

De distance en distance, des musiciens que l'on ne voyait point, charmaient l'oreille par les sons de cette ravissante musique de cors, que l'on n'entend qu'en Russie. Toutes les eaux jouaient, les eaux de Péterhoff sont magnifiques; je me souviens principalement d'une nappe d'eau prodigieuse, qui s'élance d'un énorme rocher dans un canal, de telle sorte qu'elle forme une large voûte sous laquelle on passait sans être mouillé. Lorsque le soir on illumina le château, le parc et les vaisseaux, on n'oublia point ce rocher, et c'est alors que l'effet devint vraiment magique; car il était impossible d'apercevoir les lampions dont la lumière brillantait sur cette immense voûte d'eau limpide qui retombait avec un bruit effrayant dans le canal. Le souvenir de cette journée m'est toujours resté, comme celui de la plus belle fête que puisse donner un souverain.

Ce dernier mot me conduit à parler d'un homme que j'ai vu fréquemment, pour lequel j'avais beaucoup d'amitié, et qui, après avoir porté la couronne, vivait alors à Pétersbourg en simple particulier. C'est Stanislas-Auguste Poniatowski, roi de Pologne. Dans ma première jeunesse j'avais entendu parler de ce prince, qui n'était pas encore monté sur le trône, par plusieurs personnes qui le voyaient chez madame Geoffrin où il allait souvent dîner. Tous ceux qui s'étaient trouvés avec lui à cette époque, faisaient l'éloge de son amabilité et de sa beauté. Pour son bonheur ou pour son malheur (il est difficile d'en décider), il fit un voyage à Pétersbourg, durant lequel Catherine s'éprit du beau Polonais, au point que, lorsqu'elle fut en possession du trône, elle l'aida de tout son pouvoir pour le faire roi de Pologne, et Poniatowski fut couronné le 7 septembre 1764. Il faut croire que l'amour chez une souveraine cède aisément à l'ambition, puisque l'on a vu cette même Catherine détruire bientôt son ouvrage, et renverser le monarque qu'elle avait si vivement protégé. La perte de la Pologne une fois décidée, Replin et Stakelberg, ambassadeurs russes, régnèrent de fait sur ce malheureux royaume, jusqu'au jour où il cessa d'exister. Leur cour était plus nombreuse que celle du prince qu'ils ne craignaient pas d'insulter sans cesse, et qui ne conservait que le titre de roi.

Poniatowski était aimable et bon, fort brave, mais peut-être manquait-il de l'énergie nécessaire pour contenir l'esprit de rébellion qui régnait dans ses États. Il fit tout pour se rendre agréable à la noblesse et au peuple, il y parvint même en partie; toutefois il existait tant d'élémens de désordre à l'intérieur, joints au plan formé par les trois grandes puissances environnantes pour s'emparer de la Pologne, que son triomphe eût été un miracle. Aussi le vit-on succomber et se retirer à Grodno, où il vivait d'une pension que lui faisaient la Russie, la Prusse et l'Autriche, qui venaient de se partager son royaume.

L'empereur Paul, après la mort de Catherine, invita Stanislas Poniatowski à venir à Pétersbourg pour assister à son couronnement. Pendant toute la cérémonie, qui fut très longue, on laissa l'ex-roi debout, ce qui, vu son âge avancé, fit peine à toutes les personnes qui étaient présentes. Paul, à la vérité, se montra plus aimable avec lui en l'engageant à rester à Pétersbourg, où il le logea dans le palais de marbre que l'on voit sur le beau quai de la Néva. Ce qui produisait un singulier rapprochement, c'est que ce palais se trouve situé presque en face de la forteresse où Catherine est enterrée.

Le roi de Pologne, au reste, était fort convenablement logé. Il s'était fait une société agréable, composée en grande partie de Français, auxquels il joignait quelques autres étrangers qu'il avait distingués. Il eut l'extrême bonté de me rechercher, de m'inviter à ses réunions intimes, et il m'appelait *sa bonne amie*, comme faisait à Vienne le prince Kaunitz. Rien ne me touchait autant que de l'entendre me répéter souvent qu'il aurait été heureux que j'eusse été à Varsovie lorsqu'il était encore roi; je savais en effet qu'à cette époque, quelqu'un lui disant que j'irais en Pologne, il répondit qu'il me traiterait avec la plus grande distinction; mais tout retour sur le passé me semblait devoir être pénible pour lui.

Stanislas Poniatowski était grand. Son beau visage exprimait la douceur et la bienveillance. Le son de sa voix était pénétrant, et sa marche avait infiniment de dignité sans aucune affectation. Il causait avec un charme tout particulier, possédant à un haut degré l'amour et la connaissance des lettres. Il aimait les arts avec tant de passion, qu'à Varsovie, lorsqu'il était roi, il allait sans cesse visiter les artistes supérieurs.

Sa bonté était vraiment sans pareille. Je me souviens d'en avoir reçu moi-même une preuve qui me rend un peu honteuse quand j'y pense. Il m'arrive, lorsque je suis à peindre, de ne plus voir dans le monde que mon modèle, ce qui m'a rendue plus d'une fois tout-à-fait grossière pour ceux qui viennent me troubler quand je travaille. Un matin que j'étais occupée à finir un portrait, le roi de Pologne vint pour me voir. Ayant entendu le bruit de plusieurs chevaux à ma porte, je me doutais bien que c'était lui qui me rendait une visite; mais j'étais tellement absorbée dans mon ouvrage, que je pris de l'humeur, et à tel point, qu'à l'instant où il entr'ouvrait ma porte, je lui criai : « Je n'y suis pas. » Le roi, sans rien dire, remit son manteau et partit. Quand j'eus quitté ma palette, et que je me rappelai de sang-froid ce que je venais de faire, je me le reprochai si vivement, que le soir même j'allai chez le roi de Pologne lui porter mes excuses, et chercher mon pardon. « Comme vous m'avez reçu ce matin! » me dit-il dès qu'il m'aperçut. Puis il ajouta de suite: « Je comprends parfaitement que lorsqu'on dérange un artiste bien occupé, on lui cause de l'impatience; aussi croyez bien que je ne vous en veux point du tout. » Et il me força à rester à souper, où il ne fut plus question de mes torts.

Je manquais rarement les petits soupers du roi de Pologne. Lord Withworth, ambassadeur d'Angleterre en Russie, et le marquis de Rivière y étaient aussi très fidèles. Nous préférions tous trois ces réunions intimes aux grandes cohues; car, après le souper, il s'établissait constamment une causerie charmante, que le roi surtout savait animer par une foule d'anecdoctes pleines d'intérêt. Un soir que je m'étais rendue à l'invitation habituelle, je fus frappée du singulier changement que j'observai dans le regard de notre cher prince; son œil gauche surtout me parut si terne que j'en fus effrayée. En sortant, je dis sur l'escalier à lord Withworth et au marquis de Rivière qui me donnait le bras : « Savez-vous que le roi m'inquiète beaucoup? — Pourquoi cela? me répondit-on,

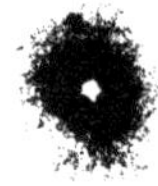

il paraissait être à merveille; il vient de causer comme à l'ordinaire. — J'ai le malheur d'être bonne physionomiste (1), repris-je, j'ai remarqué dans ses yeux un trouble extraordinaire. Le roi mourra bientôt.» Hélas! j'avais trop bien deviné; car le lendemain il fut frappé d'une attaque d'apoplexie, et peu de jours après on l'enterra dans la citadelle, près de Catherine. Je ne pus apprendre cette mort sans éprouver un chagrin bien réel, que partagèrent tous ceux qui avaient connu le roi de Pologne.

Stanislas Poniatowski ne s'était jamais marié; il avait une nièce et deux neveux. L'aîné de ces derniers, le prince Joseph Poniatowski, est bien connu par ses talens et par l'extrême bravoure qui l'ont fait surnommer *le Bayard polonais*. A l'époque où je l'ai connu à Pétersbourg, il pouvait avoir vingt-cinq à vingt-sept ans. Quoi-

(1) Il est fort rare que je me trompe à l'expression du regard. La dernière fois que je vis la duchesse de Mazarin, qui se portait à merveille et chez laquelle personne n'observait aucun changement, je dis à mon mari : «La duchesse ne vivra pas dans un mois;» ce qui arriva comme je l'avais prédit.

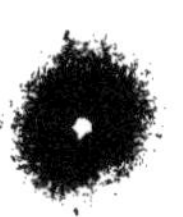

que son front fût déjà dégarni de cheveux, son visage était remarquablement beau. Tous ses traits, d'une régularité admirable, exprimaient la douceur et la noblesse d'ame. Il venait de déployer une si prodigieuse valeur, de si grandes connaissances militaires dans les dernières guerres contre les Turcs, que la voix publique le proclamait déjà grand capitaine, et je m'étonnais en le voyant qu'on pût avoir acquis si jeune une si haute réputation. Chacun enviait à Pétersbourg la joie de le recevoir et de le fêter. Dans un grand souper qu'on lui donna, auquel je fus invitée, toutes les femmes le pressant de faire faire son portrait par moi, il répondit avec une modestie qui a toujours été dans son caractère : « Il faut que je gagne plusieurs batailles avant de me faire peindre par madame Lebrun. »

Lorsque, plus tard, j'ai revu Joseph Poniatowski à Paris, je ne pouvais d'abord le reconnaître, tant il était changé. Il portait en outre une vilaine perruque qui achevait de le rendre méconnaissable. Toutefois sa renommée s'était accrue au point, qu'il pouvait se consoler d'avoir perdu sa beauté. Il se préparait alors à partir pour faire la guerre d'Allemagne sous Napoléon, dont, en sa qualité de Polonais, il était devenu l'allié fidèle. On sait assez quelle valeur il déploya dans les campagnes de 1812 et 1813, et quel évènement funeste vint mettre un terme à cette noble carrière (1).

Le frère de Joseph Poniatowski ne lui ressemblait en aucune manière; il était grand, sec et froid. Je l'ai très peu vu à Pétersbourg, je me souviens pourtant qu'il vint un matin chez moi voir le portrait de la comtesse Strogonoff, et qu'il ne s'occupa que du cadre. Il avait pourtant de grandes prétentions à se connaître en peinture, et se laissait guider dans ses jugemens par un artiste qui dessinait très

(1) Poniatowski, que Napoléon venait de nommer maréchal de France, quoiqu'il ne voulût d'autre titre que celui de chef des Polonais, venait de protéger la retraite de l'armée française, n'ayant avec lui que 760 hommes; blessé grièvement, il arriva sur les bords de l'Elster, dont par un funeste malentendu les Français avaient coupé le pont; il s'arrête, et l'ennemi lui criant de se rendre, il se jette dans le fleuve et disparaît.

bien, mais qui se distinguait surtout en imitant les croquis de Raphaël, ce qui lui donnait un souverain mépris pour l'école française.

La nièce du roi de Pologne, madame Ménicheck, m'a constamment témoigné de l'obligeance, et je l'ai revue à Paris avec un grand plaisir. Elle me fit faire à Pétersbourg le portrait de sa fille (1), alors très enfant, que je peignis jouant avec son chien, et celui de son oncle, le roi de Pologne, costumé à la Henri IV. Le premier que j'avais fait de cet aimable prince, je l'ai gardé pour moi.

(1) Celle qui est devenue depuis la princesse Radzivill.

CHAPITRE III.

Ma réception à l'Académie de Pétersbourg.—Ma fille. Chagrins que me causa son mariage. — La comtesse Czernicheff. — Je pars pour Moscou.

Un des souvenirs les plus doux que j'aie rapportés de mes voyages est celui de ma réception comme membre de l'Académie de Pétersbourg. Je fus prévenue du jour fixé pour me recevoir (1) par le comte de Strogonoff, alors directeur des beaux-arts. Je m'étais fait

(1) C'était le 16 juin 1800.

faire l'uniforme de l'Académie : un habit d'amazone, petite veste violette, jupe jaune, chapeau et plumes noirs. A une heure j'arrivai dans un salon qui précédait une grande galerie, au fond de laquelle j'aperçus de loin le comte Strogonoff, établi à une table. On vint m'inviter à me rendre près de lui. Pour ce faire, il me fallait traverser cette longue galerie où l'on avait dressé de chaque côté des gradins, qui étaient tout couverts de spectateurs ; mais comme heureusement je reconnaissais dans cette foule beaucoup d'amis et de connaissances, j'arrivai jusqu'au bout de la salle sans éprouver une trop grande émotion. Le comte m'adressa un petit discours très flatteur, puis me donna, de la part de l'empereur, le diplôme qui me nommait membre de l'Académie. Tout le monde alors applaudit d'une telle force que j'en fus touchée jusqu'aux larmes, et je n'oublierai jamais ce doux moment. Le soir je revis plusieurs personnes qui avaient assisté à la séance. On me parla de mon courage à traverser cette galerie remplie de monde. « Il faut croire, répondis-je sans feinte, que j'avais deviné dans tous les regards la bienveillance qu'on allait me témoigner. »

Je fis aussitôt mon portrait pour l'Académie de Pétersbourg; je m'y représentai peignant, et ma palette à la main.

En m'arrêtant sur ces agréables souvenirs de ma vie, j'essaie de reculer l'instant où je dois enfin parler des chagrins, des tourmens cruels qui sont venus troubler le repos et le bonheur dont je jouissais à Pétersbourg, mais enfin il me faut entrer dans ces tristes détails.

Ma fille avait atteint l'âge de dix-sept ans. Elle était charmante sous tous les rapports. Ses grands yeux bleus où se peignait tant d'esprit, son nez retroussé, sa jolie bouche, de très belles dents, une fraîcheur éclatante, tout formait un des plus jolis visages qu'on puisse voir. Sa taille n'était pas très élevée, mais svelte, sans être dépourvue d'embonpoint. Une grâce naturelle régnait dans toute sa personne, quoiqu'il y eût dans ses manières autant de vivacité que dans son esprit. Sa mémoire était prodigieuse; tout ce qu'elle avait appris dans ses diverses leçons ou par ses lectures lui restait présent. Elle avait une voix charmante et chantait l'italien à merveille; car à Naples et à Pétersbourg, je lui avais donné les meilleurs maîtres de musique, ainsi que des maîtres d'anglais et d'allemand. De plus elle s'accompagnait sur le piano et sur la guitare; mais ce qui me charmait par-dessus tout, c'étaient ses heureuses dispositions pour la peinture, en sorte que je ne saurais dire à quel point j'étais heureuse et fière de tous les avantages qu'elle réunissait.

Je voyais dans ma fille le bonheur de ma vie, la joie qui restait à ma vieillesse; il n'était donc pas surprenant qu'elle eût pris un extrême ascendant sur moi, et quand mes amis me disaient : « Vous aimez si follement votre fille que c'est vous qui lui obéissez, » je répondais : « Ne voyez-vous pas qu'elle est aimée de tout le monde ? » En effet, les personnes les plus distinguées de Pétersbourg l'appréciaient et la recherchaient; on ne m'engageait point sans elle, et je jouissais des succès qu'elle obtenait dans la société, bien plus que je n'avais jamais joui des miens.

Comme il était très rare que je pusse quitter mon atelier le matin, j'avais consenti quelquefois à confier ma fille à la comtesse Czernicheff, pour lui faire faire des parties de traîneau qui l'amusaient beaucoup, et la comtesse l'emmenait aussi passer des soirées chez elle où je n'allais pas toujours. Là se trouvait un nommé Nigris, le secrétaire du comte Czernicheff. Ce M. Nigris était assez bien de visage et de taille; il pouvait avoir trente ans. Quant à ses talens, il dessinait un peu et son écriture était fort belle. Ses douces manières, son regard mélancolique, et même sa pâleur un peu jaune, lui donnaient un air intéressant et romanesque qui séduisit ma fille, au point qu'elle en devint éprise. Aussitôt la famille Czernicheff s'arrange, intrigue pour faire de lui mon gendre. Instruite de ce qui se passait, mon chagrin fut grand, comme on peut le croire; cependant, toute douloureuse que m'était l'idée de donner ma fille, mon unique enfant, à un homme sans talent, sans fortune, sans nom, je pris des informations sur ce qu'était ce M. Nigris. Les uns me disaient du bien de lui, mais d'autres m'en disaient du mal, en sorte que les jours se passaient sans que je pusse me décider à prendre aucun engagement.

Je m'efforçais en vain de faire comprendre à ma fille combien, sous tous les rapports, ce mariage était loin de pouvoir la rendre heureuse; sa tête était trop exaltée pour qu'elle voulût s'en rapporter à ma tendresse et à mon expérience. D'un autre côté, les personnes qui avaient résolu d'obtenir mon consentement employaient tous les moyens pour me l'arracher. On venait me dire que M. Nigris enlèverait ma fille et qu'ils se marieraient sur les grands chemins. Je croyais peu à cet enlèvement et à ce mariage clandestin, car M. Nigris n'avait point d'argent (1), et la famille qui le protégeait n'en avait pas trop pour elle-même. On

(1) Il en avait si peu que le jour de son mariage il fut obligé de me demander quelques ducats pour donner à l'église.

me menaçait de l'empereur, et je répondais : « Je lui dirai que les mères ont des droits plus vrais et plus anciens que ceux de tous les empereurs du monde. » Une chose inconcevable, c'est que la cabale montée contre moi espérait tellement me faire céder à la persécution, que l'on me parlait déjà de la dot. Comme on me croyait fort riche, je me rappelle que l'ambassadeur de Naples vint me voir, et me demanda pour ce mariage une somme qui dépassait de beaucoup ce que je possédais : car on sait que j'avais quitté la France avec quatre-vingts louis dans ma poche, et qu'une partie des économies que j'avais faites depuis ce temps venait de m'être enlevée sur la banque de Venise.

J'aurais pu long-temps supporter les mauvais et sots propos que la cabale se permettait sur moi et qui me revenaient de toutes parts : une douleur bien plus vive était de voir ma fille s'éloigner de moi et me retirer toute sa confiance. Sa vieille gouvernante, qui avait déjà eu le grand tort de lui laisser lire des romans à mon insu, s'était totalement emparée de son esprit, et l'aigrissait contre moi au point que tout mon amour de mère se trouvait impuissant pour combattre cette funeste influence. Enfin ma fille, que je voyais maigrir et changer, tomba tout-à-fait malade. Alors il fallut bien céder, et j'écrivis à M. Lebrun pour qu'il envoyât son consentement. M. Lebrun, dans ses lettres, venait de me parler du désir qu'il avait de marier notre fille à Guérin, dont les succès en peinture faisaient alors un bruit qui était arrivé jusqu'à moi. Ce projet, qui me souriait si fort, ne pouvait plus s'exécuter. J'en instruisis M. Lebrun en lui faisant sentir que, n'ayant que cette chère enfant, nous devions tout sacrifier à son bonheur.

Ma lettre partie, j'eus la jouissance de voir ma fille se rétablir; mais hélas! cette jouissance fut la seule qu'elle me donna. La réponse de son père ayant beaucoup tardé, attendu la distance, on lui persuada que je n'avais écrit à M. Lebrun que pour l'empêcher de consentir à ce qu'elle appelait son bonheur. Ce soupçon me blessa cruellement; néanmoins je récrivis plusieurs fois, et, après lui avoir fait lire mes lettres, je les lui donnai pour qu'elle les mît elle-même à la poste. Une si grande condescendance de ma part ne parvint pas à la détromper; fidèle à la méfiance qu'on ne cessait de lui inspirer contre moi, elle me dit un jour : « Je porte tes lettres, mais je suis sûre que tu en écris d'autres en sens contraire. » Je restai stupéfaite et le cœur navré, lorsqu'à l'instant même le courier arriva, apportant la lettre de M. Lebrun qui donnait son consentement. Sans être taxée d'exigence, une mère pouvait alors compter sur quelques excuses, ou sur quelques remerciemens; mais, pour que l'on juge à quel point ces méchans m'avaient aliéné le cœur de ma fille, je dirai que la cruelle enfant ne me témoigna point la plus légère satisfaction de ce que j'avais fait pour elle en lui sacrifiant et tous mes désirs et toutes mes répugnances.

Le mariage n'en fut pas moins célébré peu de jours après. Je donnai à ma fille un fort beau trousseau, des bijoux, entre autres un bracelet entouré de fort beaux diamans, sur lequel était le portrait de son père, et je plaçai sa dot (le produit des portraits que j'avais faits à Pétersbourg) chez le banquier Livio.

Le lendemain j'allai voir ma fille. Je la trouvai calme et sans exaltation sur son bonheur. Puis, quinze jours après, me trouvant chez elle, je lui dis : « Tu es bien heureuse j'espère, maintenant que tu l'as épousé ? » M. Nigris, qui causait avec quelqu'un, nous tournait le dos, et comme il était fort enrhumé, il avait sur ses épaules une grande houppelande. Elle me répondit : « Je t'avoue que cette robe fourrée me désenchante ; comment veux-tu que l'on soit éprise d'une tournure pareille ? » Ainsi quinze jours avaient suffi pour que l'amour s'envolât (1).

Quant à moi, tout le charme de ma vie me semblait détruit sans retour. Je ne retrouvais plus le même plaisir à aimer ma fille, et pourtant Dieu sait combien je l'aimais encore malgré

(1) Je dois dire cependant que M. Nigris ayant le caractère doux et l'esprit insinuant, ils ont vécu fort bien ensemble pendant quelques années.

tous ses torts. Les mères seules me comprendront bien. Peu de temps après son mariage, elle prit la petite vérole. Quoique je n'eusse jamais eu cette terrible maladie, personne ne put m'empêcher de courir chez elle. Je la trouvai le visage tellement enflé que j'en fus saisie d'effroi; mais je n'eus peur que pour elle, et tant que dura le mal, je ne pensai pas un seul instant à moi-même. Enfin je fus assez heureuse pour qu'elle se rétablît sans rester marquée le moins du monde. Je résolus alors de partir pour Moscou. J'avais besoin de mouvement, j'avais besoin de quitter Pétersbourg où je venais de souffrir au point que ma santé en était altérée. Ce n'est pas que, le mariage fait, les indignes propos auxquels cette affaire avait donné lieu eussent laissé des traces. Bien loin de là; les gens qui avaient le plus outragé mon caractère se repentaient de leur injustice, et je tiens à joindre ici une lettre du comte Czernicheff, comme une preuve des outrages auxquels, pour mon malheur, j'avais été trop sensible. J'ai toujours conservé cette lettre, et je la donne ici.

« Il n'y a point de fautes que le repentir n'ef« face! et il n'y a pas de coupable qui ne puisse « fléchir votre indulgence! voilà ce qui me ra« mène à vous. Oui, madame, je l'avoue, emporté « par ma vivacité je vous ai accusée de mille torts, « j'ai osé même vous les reprocher avec assez « d'amertume; mais votre conduite actuelle si « digne d'admiration, votre tendresse pour Bru« nette si faite pour servir d'exemple à toutes les « mères, me font rougir moi-même sur les soup« çons honteux que j'ai osé former contre vous. « Je m'avoue coupable à vos yeux! je réclame « votre pardon, j'ose espérer que vous ne me « refuserez pas de venir me l'affirmer un de ces « soirs chez moi; ma femme attend ce moment « avec bien de l'impatience. Continuez, madame, « à faire le bonheur de votre aimable enfant et « de mon ami Nigris, tous deux en sont dignes, « tous deux vous le payeront au centuple, et s'ils « étaient jamais assez ingrats pour oublier ce « qu'ils vous doivent, l'estime et le respect du « public, pour ce que vous faites pour eux, vous « en vengeront suffisamment. Oubliez mes torts,

« de grâce, et venez vite m'en donner l'assu-
« rance. Amenez avec vous M. de Rivière, je lui « dois également une réparation, et j'aime à payer « mes dettes. Je vous attends avec autant d'im- « patience de réparer mes torts, que de désir de « vous convaincre de toute mon estime.

« C. G. CZERNICHEFF. »

Toutes ces réparations arrivaient trop tard. Les coups avaient porté; je ne pouvais perdre le souvenir des mois qui venaient de s'écouler; enfin je me sentais malheureuse. Cependant je renfermais ma peine. Je ne me plaignais de personne; je gardais surtout le silence, même avec mes plus chers amis, sur ma fille et sur celui qu'elle m'avait donné pour fils, au point de me taire avec mon frère, à qui j'écrivais souvent depuis qu'il m'avait appris un nouveau malheur; car ce temps de ma vie était voué aux larmes, et nous avions perdu notre mère.

Tant de chagrins à la fois finirent par altérer ma santé. Pour la rétablir j'espérais beaucoup du changement de lieu et de la distraction, en sorte que je me hâtai de finir le grand portrait en pied que je faisais alors de l'impératrice Marie, ainsi que plusieurs de ses bustes, et je partis pour Moscou le 15 octobre de l'année 1800.

CHAPITRE IV.

Mauvaise route. — Moscou. — La comtesse Strogonoff. — La princesse Tufakin. — La maréchale Soltikoff. — Le prince Alexandre Kourakin. — Visite à une Anglaise. — Le prince Bezborodko. — Le comte Boutourlin. — Je retourne à Pétersbourg.

Il est, je crois, difficile d'éprouver une aussi horrible fatigue que celle qui m'attendait sur la route de Pétersbourg à Moscou. Les chemins que je comptais trouver gelés, comme on me l'avait fait espérer, ne l'étaient point encore. Ces chemins sont atroces, et les rondins, qui les rendent à peine praticables dans les grands froids, n'étant plus fixés par la glace, ballottent sans cesse sous les roues et produisent le même effet que les grosses vagues de la mer. Ma voiture, à moitié embourbée, nous faisait ressentir de si terribles cahots, que je croyais rendre l'ame à chaque instant. Pour donner quelque relâche à ce supplice, j'arrêtai à moitié chemin, et je descendis à l'auberge de Novogorod (la seule que l'on trouve sur la route), dans laquelle on m'avait dit que je serais bien nourrie et bien logée. Ayant le plus grand besoin de me reposer, mourant de faim et de fatigue, je demandai une chambre. A peine y étais-je installée, que je sentis je ne sais quelle odeur méphytique qui me tournait le cœur. Le maître de l'auberge, que je priai de me faire changer d'appartement, n'en ayant point d'autre à me donner, je me résigne; mais bientôt, croyant remarquer que cette odeur intolérable m'arrive par une porte vitrée qui se trouvait dans la chambre, j'appelle un garçon, et je l'interroge sur cette porte. « Ah ! me répond-il tranquillement, c'est que derrière cette porte il y a un homme mort depuis hier; c'est sans doute cela que madame sent. » Je ne demande pas d'autres détails; je me lève, je fais mettre des chevaux à ma voiture, et je pars, n'emportant qu'un morceau de pain pour continuer ma route jusqu'à Moscou.

Je n'avais fait que la moitié du chemin, dont la seconde partie était encore plus fatigante que la première. Ce n'est pas qu'il s'y trouve de hautes montagnes, mais la route se compose de montées et de descentes continuelles, ce que j'appelle des tourmens. Pour comble d'ennui, je ne pouvais me distraire par la vue du pays que je traversais; car, de tous les côtés, un épais brouillard voilait la nature, ce qui m'attriste toujours. Si l'on joint à ces tribulations la diète à laquelle je me vis condamnée quand j'eus dévoré mon morceau de pain, on concevra que je dus trouver le chemin bien long.

Enfin j'arrivai dans cette immense capitale de la Russie. Je crus entrer dans Ispahan dont j'avais vu plusieurs dessins (1), tant l'aspect de Moscou diffère de tout ce qui existe en Europe. Aussi n'essaierai-je point de décrire l'effet que produisent ces milliers de dômes dorés, surmontés d'énormes croix d'or, ces larges rues, ces superbes palais, situés pour la plupart à de telles distances les uns des autres que des villages les séparent; car, pour prendre une idée de Moscou, il faut le voir.

Je me fis descendre au palais que M. Dimidoff avait eu la bonté de me prêter. Ce palais était immense, précédé d'une grande cour qu'entouraient des grilles très élevées. Personne ne l'habitant, je me promettais une tranquillité parfaite. On sent qu'après toutes mes fatigues et ma diète forcée, mon premier besoin, dès que j'eus satisfait mon appétit, fut celui de dormir; mais hélas! voilà que vers cinq heures du matin, je suis réveillée en sursaut par un bruit infernal.

(1) Ces dessins avaient été faits en Turquie, principalement à Constantinople.

Une énorme troupe de ces musiciens russes qui ne donnent chacun qu'une note de cor, venait de s'établir dans le salon voisin de ma chambre pour répéter. Ce salon était fort grand, et peut-être était-il le seul qui convînt à ce genre de répétition. J'eus grand soin de demander au concierge si pareille musique avait lieu tous les jours ; et sur sa réponse, que, le palais n'étant pas habité, on avait consacré la plus grande pièce à cet usage, je résolus de ne rien changer aux habitudes d'une maison qni n'était point la mienne, et de chercher un autre logement.

Dans mes premières courses j'allai voir la comtesse Strogonoff, femme de mon vieux et bon ami. Je la trouvai hissée sur une machine très élevée, qui faisait continuellement la bascule. Je ne concevais pas comment elle pouvait supporter ce mouvement perpétuel ; mais elle en avait besoin pour sa santé; car elle était dans l'impossibilité de marcher et d'agir, ce qui ne l'empêchait pas d'être aimable. Je lui parlai de l'embarras où j'étais detrouver un logement.

Elle me dit aussitôt qu'elle avait une jolie maison qui n'était point habitée, et me pria de l'accepter; mais comme elle ne voulait pas entendre parler du prix de la location, je refusai positivement. Voyant qu'elle me pressait en vain, elle fit venir sa fille, qui était fort jolie, et me demanda le portrait de cette jeune personne, pour prix du loyer, ce que j'acceptai avec plaisir. J'allaï donc, quelques jours après, m'établir dans cette maison où j'espérais trouver du calme, puisque je devais y loger seule.

Dès que je fus installée dans ma nouvelle habitation, je visitai la ville, autant que me permettait de le faire la rigueur de la saison; car durant les cinq mois que j'ai passés à Moscou, la neige n'a point fondu, ce qui m'a privée du plaisir de parcourir les environs que l'on dit admirables.

Moscou a pour le moins dix lieues de tour. La Moskwa traverse la ville, et deux autres petites rivières l'arrosent. C'est un coup d'œil vraiment surprenant que cette multitude de palais, de monumens publics d'une très belle architecture, de couvens, d'églises (1), entremêlés de sites agrestes et de villages. Ce mélange de magnificence et de simplicité champêtre produit je ne sais quel effet fantastique qui doit plaire au voyageur, toujours avide d'originalité.

La ville renferme, dit-on, quatre cent vingt mille habitans, et le commerce qu'on y fait doit être bien considérable, puisqu'un seul quartier, dont j'ai oublié le nom, contient six mille boutiques. C'est dans le quartier appelé Kremlin que se trouve la forteresse de ce nom, l'ancien palais des czars. Cette forteresse est aussi vieille que la ville, qu'on prétend avoir été bâtie vers le milieu du douzième siècle. Elle est placée sur une hauteur au bas de laquelle coule la Moskwa; mais son style n'a rien de remarquable que son ancienneté. Tout près de ce monument dont les murs sont flanqués de tours, on me fit voir une cloche d'une dimension colossale, à moitié recouverte de terre, qu'on me dit n'a-

(1) Les églises sont en si grand nombre qu'un dicton du peuple est : Moscou avec sa quarante quarantaine d'églises.

voir jamais pu enlever pour la placer dans le palais ou dans l'église (1).

Les cimetières de Moscou sont immenses, et, suivant l'usage répandu dans toute la Russie, plusieurs fois dans l'année, mais principalement le jour qui répond chez les Russes à notre jour des Morts, le peuple s'y porte en foule. Hommes et femmes se mettent à genoux devant les tombes de leur famille, et là, ils poussent des cris lamentables qu'on peut entendre de très loin.

Un usage tout aussi général à Moscou comme à Pétersbourg est celui des bains de vapeur. Il en existe pour les femmes et pour les hommes; seulement ces derniers, quand ils ont pris leurs bains, dont ils sortent rouges comme de l'écarlate, vont tout nus se rouler dans la neige, par le froid le plus excessif. On attribue à cette coutume la vigueur et la bonne santé des Russes. Il est bien certain qu'ils ne connaissent ni les maladies de poitrine ni les rhumatismes.

(1) Cette cloche n'a été dégagée de la terre qui la couvrait qu'en cette année 1836.

Une promenade fort agréable à Moscou est le marché, que l'on trouve toujours approvisionné des fruits les plus beaux et les plus rares. Il est placé au milieu d'un jardin. Une très grande allée le traverse, ce qui rend cet endroit charmant. Aussi est-il reçu qne les plus grandes dames aillent elles-mêmes y faire leurs achats. Elles s'y rendent l'été en voiture à quatre chevaux, et l'hiver en traîneau.

J'avais remarqué qu'à Pétersbourg la haute société ne formait, pour ainsi dire, qu'une famille, tous les nobles étant cousins les uns des autres; à Moscou, où la population est beaucoup plus considérable, la noblesse beaucoup plus nombreuse, la société devient presque un public. Par exemple, il peut tenir six mille personnes dans la salle de bal où se réunissent les premières familles. Cette salle est entourée d'une galerie en colonnade, élevée de quelques marches, où peuvent se promener les personnes qui ne dansent pas, et précédée de plusieurs grands salons, dans lesquels on soupe et l'on fait les parties de jeu. Je suis allée à l'un de ces bals, et je fus surprise du grand nombre de jolies personnes que j'y trouvai réunies. J'en puis dire autant d'un très beau bal où m'invita la maréchale Soltikoff. Les jeunes femmes étaient presque toutes d'une beauté remarquable. Elles avaient imité le costume antique dont j'avais donné l'idée à la grande-duchesse Elisabeth pour le bal de l'impératrice Catherine; elles portaient des tuniques en cachemire bordées de franges d'or; de superbes diamans attachaient leurs manches courtes et retroussées, et leurs coiffures à la grecque étaient ornées pour la plupart de bandelettes couvertes de brillans. Rien ne pouvait être aussi élégant et aussi riche que ces costumes; ils embellissaient encore cette foule de jolies femmes, plus charmantes les unes que les autres. Une de celles que je remarquai principalement était une jeune personne que le prince Tufakin épousa peu de temps après. Son visage, dont les traits étaient fins et réguliers, avait une expression extrêmement mélancolique. Lorsqu'elle fut mariée, je commençai son portrait;

mais je ne pus finir à Moscou que la tête, en sorte que j'emportai le tableau pour le terminer à Pétersbourg où je ne tardai pas à apprendre la mort de cette jolie personne. Elle avait à peine dix-sept ans. Je l'ai peinte en Iris, entourée d'une écharpe ondoyante et assise sur des nuages (1).

La maréchale Soltikoff tenait une des meilleures maisons de Moscou. J'avais été lui faire une visite à mon arrivée ; elle et son mari, qui était alors gouverneur de cette ville, me reçurent avec infiniment de bonté. Elle me demanda de faire le portrait du maréchal, et le portrait de sa fille, qui avait épousé le comte Grégoire Orloff, fils du comte Vladimir. Je faisais aussi celui de la fille de la comtesse Strogonoff, de façon qu'au bout de dix ou douze jours, j'avais commencé six portraits, sans compter celui de la bonne et charmante madame Ducrest de Villeneuve, que je retrouvais

(1) Ce portrait est chez le prince Tufakin, son mari, qui l'a apporté avec lui lorsqu'il vint en France.

à Moscou avec bien de la joie, et qui était si jolie que je voulais la peindre. Un accident qui pensa me coûter la vie vint me priver de mon atelier, et retarder la terminaison de tous ces ouvrages.

Je jouissais d'une tranquillité parfaite dans la maison que m'avait prêtée la comtesse Strogonoff; mais comme cette maison n'avait pas été habitée depuis sept ans, il y faisait un froid cruel. J'y remédiais autant qu'il était possible en faisant chauffer à l'excès tous les poëles. Cette précaution n'empêchait point que la nuit je ne fusse forcée de laisser du feu dans ma chambre à coucher, et j'étais tellement gelée dans mon lit, les rideaux hermétiquement fermés, sans parler d'une petite lampe allumée près de moi pour adoucir l'air, que je m'entourais totalement la tête dans mon oreiller que j'attachais avec un ruban, au risque d'être étouffée. Une nuit que j'étais parvenue à dormir, je fus réveillée par une fumée qui m'asphyxiait. Je n'ai que le temps de sonner ma femme de chambre, qui me soutient que c'est une idée et qu'elle a éteint le feu partout. Ouvrez la porte de la galerie, lui dis-je; à peine m'a-t-elle obéi, que sa chandelle est éteinte, et ma chambre, tout l'appartement, remplis d'une fumée épaisse et puante. Nous n'eûmes rien de plus pressé que de casser toutes les vitres, mais ignorant d'où venait cette épouvantable fumée, on peut juger de mon inquiétude. Enfin, je fis venir un des hommes qui chauffaient les poëles, et il m'apprit que son camarade avait oublié d'ouvrir le couvercle qui ferme les tuyaux, et qui est, je crois, placé sur les toits. Délivrée de la crainte d'avoir mis le feu à la maison de la comtesse Strogonoff, je visitai mon appartement, toute transie que j'étais. Près du salon où je donnais mes séances, était un grand poële avec deux bouches de chaleur, devant lequel j'avais posé le portrait du maréchal Soltikoff, pour le faire sécher. Je trouvai ce portrait à moitié grillé, et calciné au point que j'ai été obligée de le recommencer. Mais ce qui causa mon plus grand tourment dans cette nuit de tribulations, fut l'impossibilité où j'étais de faire enlever à l'instant une collection de tableaux de plusieurs grands maîtres que mon mari m'avait envoyée, et que j'avais exposée dans une salle voisine de ma chambre; car il était facile de prévoir que ces tableaux, qui ne m'appartenaient pas, souffriraient beaucoup.

Il était cinq heures du matin. La fumée se dissipait à peine, et depuis que nous avions cassé les vitres, la place n'était plus tenable. Cependant que faire? où aller? Je me décidai à envoyer chez l'excellente madame Ducrest de Villeneuve; elle accourut aussitôt et m'emmena chez elle, où je restai quinze jours pendant lesquels cette charmante femme me prodigua des soins dont je ne perdrai jamais le souvenir.

Lorsque je songeai à retourner chez moi, j'allai d'abord avec M. Ducrest reconnaître les lieux. Quoique les vitres n'eussent point été remises, toute la maison conservait encore une si forte odeur de feu et de fumée, qu'il était impossible de penser à l'habiter si tôt. J'en étais extrêmement contrariée, lorsque le comte Orloff (1), avec cette obligeance qui vraiment est naturelle aux Russes, vint m'offrir de me prêter une maison à lui qui se trouvait libre. J'acceptai l'offre, et j'allai m'établir dans ce nouveau logis, où, par parenthèse, il pleuvait tellement, que la maréchale Soltikoff, qui vint m'y voir, désirant rester quelques instans dans la salle où mes tableaux étaient exposés, me demanda un parapluie. Malgré ce désagrément d'un nouveau genre, je suis restée dans cette maison jusqu'à mon départ.

Les seigneurs russes déploient tout autant de luxe à Moscou qu'à Pétersbourg. Cette ville immense renferme une multitude de palais magnifiques, meublés avec la plus grande recherche. Un des plus sompteueux était celui

(1) Le comte Grégoire Orloff, gendre de la maréchale Soltikoff, était un très aimable jeune homme. Je l'ai revu depuis avec bien du plaisir lorsqu'il est venu à Paris pour consulter sur la maladie de sa femme.

du prince Alexandre Kourakin (1), que j'avais connu à Pétersbourg, où j'avais fait deux fois son portrait. Lorsqu'il apprit que j'étais à Moscou, il vint me voir et voulut me donner à dîner avec mes amis, la comtesse Ducrest de Villeneuve et son mari. Nous arrivâmes dans un vaste palais, orné à l'extérieur avec une magnificence royale. Tous les salons qu'il nous fallut traverser, avant d'arriver au dernier, étaient meublés plus richement les uns que les autres, et dans la plupart on remarquait, soit en pied, soit en buste, le portrait du maître de la maison. Avant de nous conduire à table, le prince Kourakin nous fit voir sa chambre à coucher, qui surpassait tout le reste en élégance. Le lit, élevé sur des gradins recouverts de superbes tapis, était entouré de colonnes richement drapées. Deux statues et deux vases de fleurs étaient placés aux quatre coins de l'es-

(1) Ce prince Alexandre, qui est resté long-temps à Paris comme ambassadeur russe près de Napoléon, était beau-frère de la bonne et aimable princesse Kourakin, à qui sont adressées les premières lettres de mes souvenirs.

trade, et des meubles d'un goût exquis, de magnifiques divans, rendaient cette chambre digne d'être habitée par Vénus. Pour passer dans la salle à manger, nous traversâmes de larges corridors où de chaque côté une quantité d'esclaves en grande livrée étaient rangés, des flambeaux à la main, ce qui me fit l'effet d'une cérémonie solennelle; et tant que nous fûmes à table, des musiciens invisibles, qu'on avait placés au-dessus de nos têtes, nous récréèrent par cette délicieuse musique de cors, dont j'ai déjà parlé plusieurs fois.

La grande fortune du prince Kourakin lui permettait de tenir chez lui l'état d'un souverain; j'ai même entendu dire qu'il avait un sérail dans son palais, et qu'il n'était pas le seul à Moscou qui déployât ce luxe oriental. Quoi qu'il en soit, le prince Alexandre Kourakin était un excellent homme, d'une politesse obligeante avec ses égaux, et sans aucune morgue avec ses inférieurs.

Je dînai aussi chez un prince Galitzin (1),

(1) Je ne saurais dire combien il y avait à Moscou, à l'époque

que ses manières affables et polies faisaient généralement rechercher : quoiqu'il fût trop âgé pour se mettre à table avec ses convives, qui étaient au nombre de quarante personnes, le dîner, exquis et extrêmement abondant, n'en dura pas moins plus de trois heures, ce qui me fatigua cruellement, d'autant plus que j'étais placée en face d'énormes fenêtres dont le jour m'aveuglait. Ce festin me parut insupportable ; en compensation, j'avais eu le plaisir, avant de me mettre à table, de parcourir une très belle galerie qui contenait de bons tableaux de grands maîtres, mélangés, il est vrai, de tableaux assez médiocres. Le prince Galitzin, que l'âge et la souffrance retenaient dans son fauteuil, avait chargé son neveu de m'en faire les honneurs. Ce jeune homme, qui ne se connaissait pas en peinture, se bornait à m'expliquer de son mieux les sujets, et j'eus peine à m'empêcher de rire quand, devant

où je m'y trouvais, de princes, et surtout de princesses Galitzin. Plusieurs de ces dernières n'étaient point mariées.

un tableau qui représentait Psyché, ne pouvant prononcer ce nom, il me dit : « Celui-ci est *Fiché.* »

Ce long repas chez le prince Galitzin m'en rappelle un autre qui, je crois, n'a jamais fini. Je m'étais engagée à dîner chez un banquier de Moscou, gros, gras et immensément riche. Nous étions dix-huit personnes à table; mais de ma vie je n'ai vu une réunion de figures aussi laides et surtout aussi insignifiantes, de véritables figures d'hommes à argent; quand je les eus tous regardés une fois, je n'osai plus lever les yeux, dans la crainte de rencontrer encore un de ces visages; aucune conversation ne s'établissait; on aurait pu les prendre pour des mannequins, s'ils n'avaient mangé comme des ogres. Quatre heures se passèrent ainsi; mon ennui était parvenu à un point que je me sentais prête à me trouver mal; enfin, je pris mon parti, et prétextant une indisposition, je les laissai à table où peut-être ils sont encore.

Ce jour était un jour malencontreux; car il m'arriva le soir même un accident assez risible quoiqu'il ne m'amusât point du tout. Je ne sais pour quel motif je me trouvais obligée de faire visite à une Anglaise ; une femme de ma connaissance m'y conduisit, et m'y laissa pour quelque temps, après avoir promis de venir me reprendre ; le malheur voulait que cette Anglaise n'entendît pas un mot de français, et moi pas un mot d'anglais, en sorte que l'on peut juger de son embarras et du mien. Je la vois encore devant une petite table, entre deux bougies qui éclairaient son visage pâle comme la mort. Elle croyait devoir par politesse continuer à me parler dans sa langue que je ne pouvais comprendre, et réciproquement je lui adressais quelques mots français qu'elle ne comprenait pas davantage. Nous restâmes ainsi plus d'une heure ensemble, laquelle heure me parut un siècle, et je crois que cette pauvre Anglaise ne la trouva pas moins longue.

A l'époque où je me trouvais à Moscou, le plus riche habitant de cette ville, et peut-être de toute la Russie, était le prince Bezborodko ; il pouvait, dit-on, lever sur ses terres une armée de trente mille hommes, tant il possédait de paysans qui sont tous, comme on ne l'ignore pas, attachés en Russie au territoire. Ses diverses habitations renfermaient un grand nombre d'esclaves, qu'il traitait avec la plus grande bonté, et auxquels il avait fait apprendre des métiers de différens genres. Lorsque j'allai le voir, il me montra des salons encombrés de meubles achetés à Paris, qui sortaient des ateliers du célèbre ébéniste Daguère; la plupart de ces meubles avaient été imités par ses esclaves, et il était impossible de distinguer la copie placée près de l'original. Ceci me conduit à dire que le peuple russe est d'une intelligence extraordinaire; il comprend tout, et semble doué du talent d'exécution. Aussi le prince de Ligne écrivait-il : « Je vois des Russes à qui l'on « dit : soyez matelots, chasseurs, musiciens, « ingénieurs, peintres, comédiens, et qui de- « viennent tout cela selon la volonté de leur « maître; j'en vois qui chantent et dansent dans « la tranchée, plongés dans la neige et dans la « boue, au milieu des coups de fusil, des coups

« de canon; et tous sont adroits, attentifs, « obéissans et respectueux. »

Le prince Bezborodko était un homme d'une haute capacité; il a été employé sous les règnes de Catherine et de Paul, d'abord comme secrétaire du cabinet, puis, en 1780, comme secrétaire d'Etat au département des affaires extérieures. Dans le désir d'éviter les sollicitations sans nombre qu'on lui adressait, il s'était rendu peu abordable; les femmes le poursuivaient quelquefois jusque dans sa voiture; il répondait alors à leurs demandes: *Je l'oublierai*, et s'il s'agissait d'une pétition : *Je la perdrai.*

Son plus grand talent était une connaissance savante et approfondie de la langue russe; il possédait en outre une mémoire prodigieuse et une facilité de rédaction surprenante. Un trait de lui bien connu en donne la preuve; il reçut un jour de l'impératrice Catherine l'ordre de rédiger un projet d'ukase que ses nombreuses affaires lui firent oublier; la première fois qu'il retourna chez l'impératrice, celle-ci, après avoir conféré avec lui sur plusieurs points d'administration, lui demanda son ukase. Bezborodko ne se déconcerte pas le moins du monde; il tire un papier du portefeuille, et improvise d'un bout à l'autre, sans hésiter une seconde, tout le projet de loi; Catherine fut tellement satisfaite de cette rédaction, qu'elle prit le papier pour y jeter les yeux; on juge de sa surprise à la vue d'un papier tout blanc! Bezborodko allait se confondre en excuses; elle lui imposa silence par des complimens, et le nomma le lendemain son conseiller privé.

Un autre Russe, dont la mémoire était aussi surprenante que celle du prince Bezborodko, était le comte Boutourlin que j'ai beaucoup vu à Moscou, où, par parenthèse, nous étions logés si loin l'un de l'autre, que pour aller souper chez la comtesse Boutourlin je faisais deux lieues dans ma soirée. Le comte Boutourlin, par son savoir et ses connaissances, est un des hommes les plus distingués que j'aie connus; il parle toutes les langues avec une facilité prodigieuse, et son instruction en tout genre prête un charme infini à sa conversation; mais sa supériorité sur les autres ne l'empêchait pas d'être extrêmement simple, et de recevoir ses amis avec autant de bonhomie que de grâce. Il possédait à Moscou une bibliothèque immense, composée des livres les plus rares et les plus précieux dans les différentes langues; sa mémoire était telle, que lorsqu'il rapportait un trait historique ou une anecdote quelconque, il pouvait dire à l'instant dans quelle salle et sur quel rayon de sa bibliothèque se trouvait le livre qu'il venait de citer; j'en étais étonnée au dernier point, et cependant une chose pour le moins aussi surprenante était de l'entendre parler de toutes les villes de l'Europe et de ce qu'elles renferment de remarquable, comme s'il les eût habitées longtemps, tandis qu'il n'avait jamais quitté la Russie : pour mon compte, je sais bien qu'il me parlait de Paris, de ses monumens, de tout ce qu'on y trouve de curieux, avec de si grands détails, que je m'écriais : « Il est impossible que vous n'ayez pas été à Paris ! »

Les demandes de portraits qui m'étaient faites, la société agréable que je m'étais formée à Moscou, auraient dû me retenir plus long-temps dans cette ville où je n'ai passé que cinq mois, dont six semaines dans ma chambre; mais j'étais triste, souffrante, je sentais le besoin de repos, et surtout de respirer un air plus doux. J'avais donc pris la résolution de retourner à Pétersbourg pour voir ma fille, après quoi je devais quitter la Russie. J'en fus empêchée pendant quelques jours par un redoublement de mes indispositions habituelles, et je retrouve une lettre que j'écrivais alors à mon gendre, qui peut donner une idée de mon état d'esprit à cette triste époque de ma vie.

« Je vous remercie, mon cher ami, de votre « grande lettre; jamais je ne me plaindrai lors- « que vous converserez long-temps avec moi; « tout ce qui vous intéresse m'intéresse aussi: « le lien qui nous unit est trop près de mon « cœur pour que rien de ce qui vous touche « me soit étranger, et sans égoïsme je ne sau-

« rais y rester indifférente; ceux qui ne m'ont « point rendu justice vous ont beaucoup trop « éloigné de moi, car je veux croire qu'il n'y « a pas de votre faute ni de celle de ma fille; « on l'avait bien trompée! j'en ai cruellement « souffert, et malgré le temps et mes efforts, « la plaie est encore si vive, que, livrée à moi-« même, mes idées sur le bonheur que peut « espérer une mère qui n'a jamais rien eu à se « reprocher m'affligent plus qu'elles ne me « consolent.

« Les circonstances m'obligent depuis long-« temps à un travail assidu et pénible, il s'en-« suit que ma santé commence à m'effrayer, « non pour ma vie, je n'ai nul désir de la voir « se prolonger et je n'ai point varié sur ce que « je vous ai dit souvent à cet égard; mais j'é-« prouve une faiblesse qui me dissout; je de-« viens si triste que le plus grand misanthrope « me paraîtrait trop gai; le monde me fatigue, « la solitude me tue, et je ne vois aucune posi-« tion qui puisse me convenir; je n'ai d'espé-« rance que dans le repos, le soleil, un beau

« climat, et je compte avant peu les aller cher-« cher.

« Si je devenais plus souffrante, je vous le « ferais savoir, afin que vous vinssiez me prendre « ici; car pour rien au monde je ne voudrais « mourir à Moscou. »

Peu de jours après, me trouvant beaucoup mieux, j'annonçai mon départ et je fis mes adieux. Tout fut mis en œuvre pour me retenir; on m'offrait de me payer mes portraits plus cher qu'à Pétersbourg, de me laisser tout le temps de les terminer sans fatigue pour moi; je me souviens que la veille encore du jour où je partis, comme je me trouvais au rez-de-chaussée de la maison, occupée de mes paquets, je vis entrer, sans qu'on l'eût annoncé, un homme d'une grandeur prodigieuse, vêtu d'un manteau blanc, qui me fit une frayeur horrible. On voyait sans cesse passer à Moscou des personnes que Paul envoyait en Sibérie, et quoiqu'il n'eût encore exilé que deux Français, tous deux auteurs d'infames libelles contre la Russie, je n'hésitai pas à prendre cet inconnu pour un émissaire de Paul; je ne respirai que lorsque je l'entendis me supplier de ne point quitter Moscou, et me demander un grand tableau de toute sa famille ; sur mon refus, que je rendis le plus obligeant qu'il me fut possible, le bon monsieur me pria instamment de vouloir bien au moins donner mon portrait à la ville; j'avoue que cette dernière demande me toucha au point que j'ai toujours regretté que mes occupations et ma santé m'aient empêchée depuis d'y satisfaire.

Plusieurs personnes que je ne doute pas avoir été dès lors dans la confidence de la révolution qui se préparait, me pressèrent beaucoup de retarder mon départ de quelques jours, m'assurant qu'elles partiraient pour Pétersbourg avec moi; mais dans l'ignorance totale où j'étais du complot, je m'obstinai à me mettre en route, en quoi j'eus grand tort; car, en attendant un peu, j'aurais évité les fatigues qu'il me fallut éprouver sur ces abominables chemins que le dégel rendait de nouveau impraticables.

CHAPITRE V.

Mort de Paul. — Joie des Russes. — Détails de l'assassinat. — L'empereur Alexandre. — Je fais son portrait et celui de l'impératrice Elizabeth. — Je quitte la Russie.

C'est le 12 mars 1801, à moitié chemin de Moscou à Pétersbourg, que j'appris la mort de Paul. Je trouvai devant la maison de poste une quantité de courriers qui allaient annoncer cette nouvelle dans les différentes villes de l'empire, et comme ils prenaient tous les chevaux il me fut impossible d'en avoir; je fus obligée de rester dans ma voiture que l'on avait placée sur un côté de la route au bord d'une rivière; il soufflait un vent si froid que j'étais gelée; il ne m'en fallut pas moins passer toute la nuit ainsi; enfin je parvins à me procurer des chevaux de louage, et je n'arrivai à Pétersbourg qu'à huit ou neuf heures du matin.

Je trouvai cette ville dans le délire de la joie; on chantait, on dansait, on s'embrassait dans les rues; plusieurs personnes de ma connaissance accoururent à ma voiture, elles me serraient les mains en s'écriant : Quelle délivrance! On me dit que la veille au soir, les maisons avaient été illuminées. Enfin, la mort de ce malheureux prince excitait l'allégresse publique.

Toutes les particularités du terrible évènement n'étaient ignorées de personne, et je puis affirmer que les récits qui m'en furent faits le jour même de mon arrivée étaient tous uniformes. Palhen, un des conjurés. ne négligeait rien pour effrayer Paul d'un complot formé, disait-il, par l'impératrice et ses enfans, pour s'emparer du trône; la méfiance habituelle de Paul ne le portait que trop à prêter l'oreille à ces fausses confidences, et elles l'irritèrent au point qu'il finit par ordonner au perfide conseiller de conduire sa femme et les grands-ducs à la forteresse; Palhen refusa d'obéir sans un ordre signé de l'empereur; Paul signa; muni de ce papier, Palhen le porte aussitôt à Alexandre. « Vous voyez, lui dit-il, que votre père est fou, et que vous êtes tous perdus si nous ne le prévenons en le faisant enfermer lui-même. » Alexandre, qui voyait sa liberté et celle des siens menacée, ne donna pourtant par son silence qu'un consentement tacite à ce projet, qui devait se borner à mettre un insensé hors d'état de nuire; mais Palhen et ses complices crurent devoir aller plus loin.

Cinq conjurés se chargèrent de commettre l'attentat, et l'un d'eux était Platon Zouboff, l'ancien favori de Catherine, que Paul avait comblé de faveurs après l'avoir rappelé de l'exil. Tous les cinq se rendirent dans la chambre à coucher de Paul, qui était au lit; les deux gardes placés à la porte en défendirent l'entrée avec courage, au point que l'un d'eux fut tué (1); mais ils résistèrent inutilement. A la vue de ces furieux qui se précipitaient sur lui, Paul se leva; comme il était très vigoureux, il lutta long-temps contre ses assassins, qui parvinrent enfin à l'étrangler dans son fauteuil. L'infortuné s'écriait : « Vous aussi, Zouboff! vous, que je croyais mon ami! » en disant ces mots, il expira.

Il semble que le sort se soit plu à réunir toutes les circonstances qui pouvaient favoriser ce complot. On avait fait venir un régiment pour entourer le palais, et bien loin que l'on eût mis le colonel dans la confidence des conjurés, ce militaire était persuadé qu'il s'agissait de déjouer une tentative qui devait avoir lieu contre la vie de l'empereur; une partie de cette troupe alla par le jardin se placer sous les fenêtres de Paul, que, pour son malheur, la marche des soldats ne réveilla pas, non plus que le bruit d'une multitude de corbeaux qui dor-

(1) L'impératrice Marie a pris l'autre à son service.

maient habituellement sur les toits, et qui se mirent à croasser. S'il en eût été autrement, le malheureux prince aurait eu le temps de gagner un escalier dérobé, voisin de sa chambre, par lequel il pouvait descendre chez une madame Narichkin, qui était son amie, et en qui il avait toute confiance ; une fois là, rien ne lui était plus facile que de se sauver au moyen d'un petit bateau toujours placé sur le canal qui borde le palais de Saint-Michel ; de plus, la méfiance qu'il avait de sa femme lui faisait fermer à double tour une des deux portes qui séparaient seules son appartement de celui de l'impératrice ; lorsqu'il voulut y courir pour échapper à la mort, il était trop tard : les assassins avaient pris soin de retirer la clef ; enfin, Koutaisoff, son fidèle valet de chambre, reçut le jour même du crime une lettre qui l'instruisait de tout le complot; mais cet homme, à qui son amour pour madame Chevalier et sa jalousie de l'empereur faisaient perdre la tête, négligeait la plus grande partie de son service et ne décachetait plus les lettres; il laissa sur sa table celle dont il s'agit, et, quand il l'ouvrit le lendemain, le malheureux tomba dans un tel désespoir, qu'il pensa mourir; il en fut de même du colonel qui avait conduit son régiment autour du palais; ce jeune homme, nommé Talaisin, instruit du crime qui venait de se commettre, ressentit un tel chagrin d'avoir été trompé ainsi, qu'il rentra chez lui saisi d'une fièvre ardente et fut bientôt à toute extrémité; je crois même qu'il a peu survécu à son remords, tout innocent qu'il était : mais ce dont je suis sûre, c'est que pendant sa maladie l'empereur Alexandre allait le voir tous les jours et fit défendre un exercice à feu qui avait lieu trop près du malade.

Quoique les divers obstacles dont je viens de parler eussent pu s'opposer à l'exécution du crime, il faut croire que les auteurs du complot ne doutaient point de la réussite; car tout Pétersbourg a su que le soir de l'évènement, un des conjurés, beau jeune homme, nommé S...ky, tira sa montre à minuit, au milieu d'une société assez nombreuse, en disant : « Tout doit être fini maintenant. » Paul était mort en effet, son corps fut embaumé aussitôt, et on l'exposa pendant six semaines sur un lit de parade, le visage découvert et aussi peu décomposé que possible, attendu qu'on lui avait mis du rouge. L'impératrice Marie, sa veuve, allait tous les jours prier à genoux devant ce lit funèbre; elle y amenait ses deux plus jeunes fils, Nicolas et Michel, si enfans alors, que le premier lui dit une fois: « Pourquoi donc papa dort-il toujours? »

La ruse qui fut employée pour faire consentir Alexandre à la déchéance de son père (car il n'aborda jamais d'autre idée), est un fait positif que je tiens du comte Strogonoff, un des hommes les plus honnêtes, les plus sages que j'aie connu, et l'homme le plus au fait de ce qui se passait à la cour de Russie; il doutait d'autant moins de la facilité avec laquelle on avait dû amener Paul à signer l'ordre d'emprisonner l'impératrice et ses enfans, qu'il connaissait les affreux soupçons dont l'esprit de ce pauvre prince était tourmenté. La veille même de l'assassinat, il y avait le soir à la cour un grand concert, toute la famille impériale s'y trouvait réunie : dans un moment où l'empereur causait à part avec le comte Strogonoff, il lui dit : « Vous me croyez sans doute le plus heureux des hommes, mon ami ? j'habite enfin ce palais de Saint-Michel que je me suis plu à faire bâtir, à faire orner avec magnificence et selon mon goût ; j'y rassemble pour la première fois toute ma famille ; ma femme est belle encore, mon fils aîné est beau aussi, mes filles sont charmantes ; les voilà tous en face de moi, eh bien, quand je les regarde, je vois en eux tous mes assassins. » Le comte Strogonoff s'écria en reculant d'horreur : « On vous trompe, sire ! c'est une atroce calomnie ! » Paul fixa sur lui des yeux hagards, puis, lui serrant la main, il reprit : « Ce que je viens de vous dire est la vérité. »

L'infortuné était poursuivi par l'idée de sa mort. Le comte Strogonoff me racontait aussi que la veille du jour dont je viens de parler, Paul lui avait dit le matin, en se regardant dans la glace et remarquant que sa bouche était de travers : « Quand c'est ainsi, mon cher comte, il faut faire ses paquets. »

J'ai la ferme persuasion qu'Alexandre ignorait que l'on dût attenter à la vie de son père; tous les faits que je connus alors ne me le prouveraient pas, qu'une preuve qui repose sur la connaissance que nous avons du naturel de ce prince m'en donnerait l'assurance. Alexandre était d'un caractère noble et généreux; non seulement il a toujours eu de la piété, mais il avait de la franchise, au point que, même en politique, on ne l'a jamais vu employer l'astuce et la fausseté; eh bien, en apprenant que Paul n'était plus, son désespoir fut tel qu'aucun de ceux qui l'approchaient ne put douter qu'il restait innocent du meurtre; le plus fourbe des hommes n'aurait point trouvé les larmes qu'on lui vit répandre. Dans les premiers momens de sa douleur, il ne voulait point régner; et j'ai su d'une manière certaine que sa femme Élisabeth vint se jeter à ses genoux pour le supplier de prendre les rênes du gouvernement; il se rendit alors chez l'impératrice sa mère, qui, du plus loin qu'elle l'aperçut, s'écria: « Retirez-vous! retirez-vous! je vous vois tout couvert du sang de votre père! » Alexandre leva vers le ciel ses yeux baignés de larmes, et dit, avec cet accent qui part de l'ame : « Je prends Dieu à témoin, ma mère, que je n'ai point ordonné cet épouvantable crime. » Un si grand caractère de vérité était empreint sur ce peu de mots, que l'impératrice consentit à l'écouter; et lorsqu'elle apprit comment les conjurés avaient trompé son fils sur le résultat de leur entreprise, elle se jeta à ses pieds, en disant: « Je salue donc mon empereur. » Alexandre la releva, s'agenouilla à son tour devant elle, la serra dans ses bras, et la combla de marques de respect et de tendresse.

Cette tendresse ne s'est jamais démentie. L'empereur Alexandre, tant qu'il a vécu, n'a rien su refuser à sa mère; et il avait pour elle un si grand respect, qu'il voulut lui conserver tous les honneurs de sa cour: elle marchait constamment devant l'impératrice Élisabeth.

La mort de Paul ne donna lieu à aucune de

ces réactions qui suivent trop souvent la mort d'un souverain. Tous ceux qui avaient joui de la faveur de ce prince conservèrent les avantages qu'ils devaient à sa protection ; Koutaisoff, son valet de chambre, ce barbier qu'il avait si fort enrichi, qu'il avait décoré des premiers ordres de la Russie, resta tranquille possesseur des bienfaits de son maître; madame Chevalier, cette jolie actrice qui avait joué le rôle de favorite, put rester au théâtre de Pétersbourg; à la vérité, comme elle avait reçu de Paul un magnifique diamant de la couronne, ce qui était su de tout le château, quelques gens de la cour, qui craignaient sans doute qu'elle ne quittât la ville en apprenant la mort de l'empereur, se rendirent chez elle dans la nuit même; madame Chevalier était couchée et endormie, on l'éveilla, et sa frayeur fut grande lorsqu'elle aperçut à pareille heure plusieurs personnes dans sa chambre; ces messieurs la rassurèrent, mais ils ne la quittèrent pas qu'elle n'eût rendu le diamant, qui était d'un prix énorme.

S'il ne fut rien changé à la position des amis

de Paul, il en fut autrement de celle de ses victimes; les exilés revinrent et rentrèrent dans leurs biens; justice fut rendue à tous ceux qui avaient été immolés à des caprices sans nombre, enfin un siècle d'or commença pour la Russie. On n'en pouvait douter à voir l'amour, le respect, l'enthousiasme des Russes pour leur nouvel empereur. Cet enthousiasme allait au point que le plus grand bonheur pour tous était d'avoir vu, d'avoir rencontré Alexandre; s'il allait se promener le soir au jardin d'été, s'il traversait les rues de Pétersbourg, la foule l'entourait en le bénissant, et lui, le plus affable des princes, répondait avec une grace parfaite à tous les hommages qu'il recevait. Je n'ai pu aller à Moscou lors de son couronnement; mais plusieurs personnes qui étaient présentes à cette cérémonie m'ont dit que rien ne pouvait être plus touchant et plus beau; les transports de la joie publique éclataient de toutes parts dans la ville et dans l'église; quand Alexandre posa une couronne de diamans sur la tête de l'impératrice Élisabeth, éclatante de beauté, tous deux formaient un groupe si admirable que l'enthousiasme était à son comble.

Au milieu de l'ivresse générale, j'eus moi-même la joie de rencontrer l'empereur sur un des quais de la Néva, peu de jours après mon arrivée: il était à cheval; quoique la loi de Paul fut abrogée, comme on l'imagine, j'avais fait arrêter ma voiture pour avoir le plaisir de regarder passer Alexandre; il vint aussitôt à moi, et me demanda comment j'avais trouvé Moscou, et si je n'avais pas souffert des chemins; je lui repondis que je regrettais de n'avoir pu rester assez long-temps dans cette superbe ville pour en connaître toutes les beautés; quant aux chemins, j'avouai qu'ils étaient horribles; il en convint, disant qu'il comptait les faire réparer; puis, après m'avoir adressé mille choses flatteuses, il me quitta.

Le surlendemain, le comte Strogonoff vint chez moi de la part de l'empercur, qui me commandait de faire son portrait en buste et son portrait à cheval. A peine cette nouvelle se fut-elle répandue, qu'une foule de personnes de la cour accoururent chez moi pour me demander des copies, soit à cheval, soit en buste, peu importait, pourvu qu'on eût le portrait d'Alexandre. Dans tout autre temps de ma vie cette circonstance m'offrait un moyen de faire ma fortune; mais hélas ! mes souffrances physiques, sans parler de souffrances morales dont j'étais encore tourmentée, ne me permirent pas d'en profiter; le triste état de ma santé s'aggravait tous les jours. Me sentant hors d'état de commencer le portrait en pied, je pris le parti de faire au pastel le buste de l'empereur et celui de l'impératrice; ils devaient me servir plus tard à faire les portraits en grand, soit à Dresde, soit à Berlin (1), si je me voyais forcée de quitter Pétersbourg; bientôt en effet mes maux devinrent intolérables; le médecin que je consultai m'assura que j'avais des obstructions, et m'ordonna d'aller prendre les eaux de Carlsbad.

(1) J'ai fait à Dresde plusieurs grands bustes d'Alexandre d'après ces pastels, mais M. de Krudner les ayant portés par mer trop frais encore, ils ont souffert du voyage.

Au moment de quitter Pétersbourg, où pendant des années j'avais vécu si heureuse, je ne puis exprimer la peine que je ressentais; on doit penser aussi que ce n'était pas sans une vive douleur que je me séparais de ma fille, tout amer qu'il m'était de la voir s'éloigner de moi, de la voir entièrement gouvernée par une coterie à la tête de laquelle agissait cette vilaine gouvernante que j'aime à accuser de tous les torts. Peu de jours avant mon départ, mon gendre me dit qu'il ne concevait pas comment je pouvais quitter Pétersbourg au moment le plus favorable pour ma fortune. « Convenez, lui répondis-je, qu'il faut que mon cœur soit bien malade? il vous est facile d'en deviner la cause. »

D'autres séparations me semblaient bien pénibles aussi; les princesses Kourakin et Dolgorouki, cet excellent comte Strogonoff qui m'avait donné tant de preuves d'attachement, voilà ce que je regrettais bien plus que la fortune à laquelle je renonçais. Je me souviens que ce cher comte, dès qu'il apprit que j'allais partir, vint me voir; son chagrin était si grand qu'il marchait en long et en large dans mon atelier où j'étais à peindre, se parlant à lui-même, disant: « Non, non, elle ne partira pas, cela est impossible. » Ma fille, qui était présente, crut qu'il devenait fou. Je ne pouvais répondre à tant de marques d'amitié que l'on voulait bien me donner, qu'en promettant de revenir à Pétersbourg, et telle était alors ma ferme intention. Dès que je fus décidée à partir, je demandai une audience à l'impératrice, qui me l'accorda aussitôt, et je me rendis chez elle où je trouvai l'empereur; je témoignai à Leurs Majestés mes regrets les plus vifs et les plus sincères en leur disant que ma santé m'obligeait à aller prendre les eaux de Carlsbad, qui m'étaient ordonnées pour les obstructions; sur quoi l'empereur me répondit avec bonté: « Ne partez pas, vous iriez trop loin chercher le remède; je vous donnerai le cheval de l'impératrice, et quand vous l'aurez monté quelque temps vous serez guérie. » Je remerciai cent fois l'empereur de cette offre, mais j'avouai que je ne savais pas monter à cheval. « Eh bien, reprit-il, je vous donnerai un écuyer qui vous conduira. » Il m'est impossible de dire combien j'étais touchée d'une bienveillance si grande, et quand je pris congé de Leurs Majestés, je ne trouvais point de termes assez forts pour en exprimer ma reconnaissance. Quelques jours après cette conversation, je rencontrai l'impératrice à la promenade du jardin d'été; j'étais avec ma fille et M. de Rivière; Sa Majesté vint à moi, et me dit : « Ne partez pas, je vous en prie, madame Lebrun; restez ici, soignez votre santé; votre départ me fait de la peine. » Je l'assurai que mon désir et ma volonté étaient de revenir à Pétersbourg pour avoir le bonheur de la revoir. Dieu sait que je disais vrai; je n'en ai pas moins été tourmentée souvent par la crainte que le refus de rester en Russie n'ait eu l'apparence de l'ingratitude, et que l'empereur et l'impératrice ne me l'aient pas tout-à-fait pardonné.

Ni ces souverains, ni toutes les personnes qui m'ont marqué un intérêt si flatteur pendant mon séjour comme à mon départ, n'ont jamais su avec quel chagrin je m'éloignais de Pétersbourg. Lorsque je passai les frontières de la Russie, je fondais en larmes; je voulais retourner sur mes pas, je me jurais de venir retrouver ceux qui m'avaient comblée si longtemps de marques de bienveillance et d'amitié, dont le souvenir est dans mon cœur; et il faut croire à la destinée, puisque je n'ai point revu le pays que je regardais, que je regarde encore comme une seconde patrie.

CHAPITRE IV.

Narva. — Sa cataracte. — Berlin. — La douane. — M. Ranspach. — La reine de Prusse. — Sa famille. — L'île des Paons. Le général Bournonville.

Je partais de Pétersbourg triste, malade, et seule dans ma voiture, n'ayant pu garder ma femme de chambre, qui était Russe, mariée et fort avancée dans sa grossesse. J'emmenais seulement un très vieux homme qui désirait aller en Prusse, à qui j'avais donné par pitié la place d'un domestique, ce dont je me suis bien repentie, car cet homme s'enivrait à chaque poste au point qu'on était obligé de le reporter sur le siége. M. de Rivière, qui m'accompagnait dans sa calèche, ne me fut pas d'un grand secours, surtout quand nous eûmes passé la frontière russe et que nous trouvâmes les sables; car les postillons, dont il ne savait pas se faire obéir, l'emportaient sans cesse par les chemins de traverse tandis que je suivais la grande route.

Je fis ma première station à Narva, petite ville bien fortifiée, mais laide et mal pavée. Le chemin qui y conduit est ravissant, bordé de maisons charmantes, de jardins anglais, et dans le lointain on aperçoit la mer couverte de vaisseaux, ce qui rend cette route tout-à-fait pittoresque. Les femmes, à Narva, portent le costume des femmes de l'antiquité. Elles sont belles, car en général le peuple de la Livonie est superbe; presque toutes les têtes de vieillards me rappelaient les têtes de Christ de Raphael, et les jeunes gens, dont les cheveux plats tombent sur les épaules, semblent avoir servi de modèle à ce grand maître.

Le lendemain de mon arrivée, j'allai voir, à quelque distance de la ville, une magnifique cataracte. Une énorme quantité d'eau, dont on n'aperçoit pas la source, forme un torrent si fort et si rapide, qu'il s'élève dans son cours sur des rochers énormes, dont il se précipite avec fracas pour surmonter d'autres rochers; cette multitude de cascades qui se succèdent, s'élancent et s'engloutissent avec fureur, produit un bruit épouvantable.

Comme j'étais occupée à retracer cette belle horreur, plusieurs habitans de Narva, qui me regardaient dessiner, me racontèrent un évènement affreux dont ils avaient été témoins. Les eaux de ces cataractes, étant augmentées par de grandes pluies, avaient entraîné, avec une partie des terrains qui les bordent, une maison où logeait une famille entière. On entendait les cris de détresse de ces malheureux, on voyait leur affreux désespoir sans pouvoir leur porter aucun secours, puisqu'il était impossible aux bateaux de traverser le torrent. Enfin ce spectacle affreux et déchirant fut suivi bientôt d'un spectacle plus horrible, lorsque la maison et la malheureuse famille, entraînés dans le gouffre, disparurent aux yeux de ceux qui me parlaient de ce désastre et qui en étaient encore émus.

J'arrivai à Riga; cette ville, comme Narva, n'est ni jolie ni bien pavée, mais elle est très commerçante, ainsi qu'on le sait, et le port est très beau. La plupart des hommes y sont habillés à la turque, à la polonaise, etc., et toutes les femmes qui ne sont pas de la classe du peuple mettent, pour sortir, un voile de gaze noir sur leur tête. Je n'eus guère le temps de faire d'autres observations, car je me hâtai d'arriver à Mittau, où j'espérais trouver encore la famille royale; mais j'eus le chagrin de venir trop tard et de ne pas l'y rencontrer, en sorte que je restai fort peu dans cette ville, où je n'étais allée que pour voir nos princes.

L'état de notre esprit et de notre santé influe si fort sur les objets qui nous environnent, que je me rappelai plus d'une fois alors avec quelle gaieté j'avais fait, en allant à Pétersbourg, le chemin que je venais de parcourir si tristement. Je me souvenais surtout que la vue de la Courlande m'avait ravie. Ces magnifiques forêts de vieux chênes, d'énormes sapins ou d'aulniers, dont les troncs blanchâtres se détachent si bien sur leur feuillage qui ressemble à celui du saule pleureur; ces beaux lacs, ces charmantes collines, ces jolis vallons, mon imagination calme et heureuse animait tout cela par mille idées riantes ou poétiques. Dans les bois, je voyais Diane suivie de son cortége, dans les prairies, des danses de bergers et de bergères, telles que j'en avais vu à Rome sur les bas-reliefs antiques; enfin je charmais ma route. Mais au retour plus de figures fantastiques, plus de danses joyeuses. Ma tristesse et mes souffrances avaient dépeuplé ce beau pays, que je regardais à peine.

Et pourtant ce qui me restait à faire de chemin jusqu'à Berlin était de beaucoup le plus pénible, puisqu'il me fallait arriver à Memel et à Kœnigsberg. En partant de Pétersbourg, j'avais bien pris la poste, mais nous avions rencontré à Riga la grande-duchesse de Bade, qui allait voir l'impératrice sa fille, et qui ne laissait plus de chevaux sur notre route. Je fus obligée d'en prendre à des voiturins, qui, au lieu de me mener coucher aux maisons de poste, me descendaient dans des espèces de cabanes où l'on ne trouvait point de lits et rien à manger, en sorte que le plus souvent je passais la nuit dans ma voiture. Quant aux repas, la soupe que l'on me donnait était faite sans viande, avec du mauvais beurre et des carottes; si je faisais tuer un poulet, il était si maigre et si dur que M. de Rivière et moi nous ne pouvions parvenir à le couper; encore avions-nous à peine le temps de faire ce mauvais dîner, tant les voiturins étaient pressés de repartir. En route, nous étions tellement dans le sable, que la voiture allait au petit pas. Il faisait une chaleur horrible; j'étais obligée, pour respirer, de laisser toutes mes glaces ouvertes, et les deux postillons fumaient constamment; cette vilaine odeur de pipe me tournait le cœur au point que je préférais presque toujours aller à pied, quoique j'eusse du sable jusqu'à la cheville. Heureusement on ne rencontre jamais de voleurs sur ces chemins.

J'apercevais bien de loin quelques loups sur les hauteurs, mais apparemment ils avaient peur de nous, car ils s'enfuyaient toujours à notre approche, de même que les pauvres cerfs, effrayés par la calèche de M. de Rivière, que je voyais souvent traverser la route.

Dans l'état de maladie où j'étais, une manière de vivre aussi fatigante devait m'être fatale; peu de jours suffirent en effet pour me jeter dans un accablement que tout mon courage et mon vif désir de ne point m'arrêter en route pouvait à peine surmonter. Je devins si faible et si souffrante, qu'il fallait me traîner dans ma voiture, où je restais comme sans mouvement, privée même de la faculté de penser. Je n'avais d'autre sensation que celle d'une douleur aiguë dans le côté droit, que me causait un rhumatisme et que chaque secousse redoublait. Cette douleur était si intolérable, qu'un jour, les voiturins s'étant enfoncés dans un chemin que l'on réparait et qui était rempli de pierres, je perdis entièrement connaissance dans ma voiture.

Une partie de mon supplice finit à Kœnigsberg; là je repris la poste jusqu'à Berlin, où j'arrivai vers la fin de juillet 1801, à dix heures du soir; mais, en dépit du besoin que j'avais de repos, il me restait à éprouver les tourmens de la douane. On me fit passer sous une grande voûte très sombre, où j'attendis au moins deux grandes heures; ensuite les douaniers voulaient garder ma voiture pour la visiter la nuit, ce qui m'obligeait à me rendre à pied jusqu'à l'auberge, et il pleuvait à verse. Je me débattais en français, ces hommes me ripostaient en allemand; il y avait de quoi perdre l'esprit. On ne voulait seulement pas me permettre de retirer mon bonnet de nuit et de petites fioles qui contenaient des antispasmodiques, dont certes j'avais grand besoin après de pareilles scènes; car, à force de crier avec ces barbares, j'étais enrouée au point que je ne pouvais plus parler. Enfin j'obtins que l'on me laissât quitter la douane dans ma voiture, et je me rendis à l'auberge de *la Ville de Paris* avec un douanier; vrai démon, qui de plus était ivre-mort. Il défaisait mes paquets, mes vaches, mettant tout sens dessus dessous, et s'empara d'une pièce de mousseline des Indes brodée, qui m'avait été donnée par madame Dubarry lorsque je quittai Paris. Comme je ne voulais pas que l'on déroulât ma Sibylle ni les études que j'avais faites de l'empereur et de l'impératrice de Russie, ma voiture fut cachetée, et je pus enfin me mettre au lit, mais non sans un tremblement affreux qui ne me permit pas de dormir un seul instant.

Le lendemain matin de bonne heure, j'envoyai chercher M. Ranspach, mon banquier, qui arrangea tous mes démêlés avec la douane; il me fit rendre ma pièce de mousseline, à laquelle je tenais beaucoup, sans que j'eusse rien à payer, et les chefs des douaniers poussèrent la politesse jusqu'à venir chez moi me faire des excuses de ce qui s'était passé. M. Ranspach, qui me guidait pour mes affaires pécuniaires, était un fort aimable homme dont je n'ai jamais eu qu'à me louer. J'allai dîner chez lui quelques jours après, et je trouvai là plusieurs de ses compatriotes qui joignaient à beaucoup d'instruction le mérite de n'avoir aucune pédanterie, et dont la conversation m'intéressa beaucoup.

Trois jours me suffirent pour me remettre de mes fatigues, et je me sentais beaucoup mieux, quand la reine de Prusse, qui n'était point alors à Berlin, eut la bonté de me faire dire de venir la trouver à Potsdam. Je partis; mais ici ma plume est impuissante pour peindre l'impression que j'éprouvai la première fois que je vis cette princesse. Le charme de son céleste visage, qui exprimait la bienveillance, la bonté, et dont les traits étaient si réguliers et si fins; la beauté de sa taille, de son cou, de ses bras, l'éblouissante fraîcheur de son teint, tout enfin surpassait en elle ce qu'on peut imaginer de plus ravissant. Elle était en grand deuil, coiffée avec une couronne d'épis de jais noir, ce qui, loin de lui nuire, rendait sa blancheur éclatante. Enfin, il faut avoir vu la reine de Prusse pour comprendre comment, à son premier aspect, je restai d'abord comme charmée.

Elle me fixa le jour de la première séance. « Je ne puis, dit-elle, vous la donner avant midi ; car le roi, qui passe la revue tous les matins à dix heures, est bien aise que j'y assiste. » Elle désirait que j'eusse un logement dans le château, mais, sachant qu'il aurait fallu pour cela déranger l'une de ses dames, je remerciai, et j'allai me loger aussitôt dans un hôtel garni, voisin du palais, dans lequel j'étais fort mal sous tous les rapports.

Mon séjour à Potsdam n'en fut pas moins une véritable jouissance pour moi; car plus je voyais cette charmante reine, plus j'étais sensible au bonheur de l'approcher. Elle parut désirer voir les études que j'avais faites d'après l'empereur Alexandre et l'impératrice Élisabeth; je m'empressai de les lui porter, ainsi que mon tableau de la Sibylle, que je fis remettre sur châssis. Je ne saurais dire avec quelle grâce elle savait me témoigner qu'elle en était satisfaite; elle était si aimable et si bonne, que l'attachement qu'elle inspirait tenait tout-à-fait de la tendresse.

Je me plais à rappeler tant de marques de cette gracieuse bienveillance dont elle me comblait jusque dans les moindres choses : par exemple, j'avais l'habitude de prendre du café tous les matins, et dans mon hôtel garni l'on m'en donnait qui était toujours détestable ; je ne sais comment il se fit que je le dis à la reine, qui, le lendemain, m'en envoya d'excellent. Un autre jour, comme je lui faisais compliment de ses bracelets, qui étaient dans le genre antique, elle les détache aussitôt et les met à mes bras ; ce don me toucha plus peut-être que celui d'une fortune, et ces bracelets-là ont toujours depuis voyagé avec moi. Elle eut aussi la bonté de me faire donner une loge au spectacle tout près des places qu'elle occupait habituellement ; de cette petite distance je me plaisais par-dessus tout à la regarder : son charmant visage avait seize ans.

Pendant une de nos séances la reine fit venir ses enfans, qu'à ma grande surprise je trouvai laids ; en me les montrant, elle me dit : « Ils ne sont pas beaux. » J'avoue que je n'eus pas assez de front pour la démentir ; je me contentai de répondre qu'ils avaient beaucoup de physionomie (1).

Je parlais souvent à la reine de mon amour pour la campagne et pour les beaux sites ; elle désira que j'allasse voir son île des *Paons*. Une de ses voitures m'y conduisit. On arrive à ce lieu charmant par une épaisse forêt de sapins que l'on traverse, puis on descend un chemin rapide qui vous mène à un lac sur lequel est située l'île des *Paons* et son petit château. Le temps était triste, il pleuvait même, et ce séjour ne m'en parut pas moins élyséen.

Outre les deux études au pastel que me faisait faire S. M., je fis de la même manière celles de la famille du prince Ferdinand (2). Une des jeunes princesses, la princesse Louise, qui avait épousé le prince Radzivill, était jolie et très ai-

(1) Ces enfans, depuis, ont beaucoup changé à leur avantage. Celle qui est maintenant impératrice de Russie a fort embelli

(2) Je devais plus tard copier tous ces pastels à l'huile, ce que j'ai fait aussitôt mon arrivée à Paris.

mable; j'ai eu pendant quelque temps avec elle une correspondance qui me charmait; car je la compte au nombre des personnes qu'il est impossible d'oublier. Son mari, le prince Radzivill, était fort bon musicien. Je me rappelle qu'un jour il me causa une surprise qui tenait uniquement à la différence des usages de tel ou tel pays : pendant mon séjour à Berlin, on me mena à un grand concert public, et je fus étonnée au dernier point, en entrant dans la salle, de voir le prince Radzivill qui jouoit de la harpe. Jamais chose semblable ne pourrait avoir lieu chez nous, qu'un amateur, surtout un prince, se mît à jouer devant une autre société que la sienne, et une société payante : il faut croire qu'en Prusse cela semblait tout naturel.

C'est à Berlin que je fis connaissance avec la baronne de Krudener, si connue par son esprit et son exaltation de tête. Sa réputation comme auteur était déjà faite; mais elle n'avait pas encore acquis le caractère d'apôtre religieux qui l'a rendue si célèbre dans le Nord; elle et son mari ont été très obligeans pour moi. J'en puis dire autant de madame de Souza, ambassadrice de Portugal, dont je fis alors le portrait. Il m'arrivait d'ailleurs, comme à tous ceux qui courent le monde, de retrouver plusieurs gens de connaissance : je revoyais entre autres avec grand plaisir le comte et la comtesse Golowkin, que j'avais connus à Pétersbourg. Je vis arriver à Berlin la charmante actrice, madame Chevalier; elle était fort riche; aussi ai-je su depuis qu'après avoir divorcé, elle avait épousé un jeune homme attaché à la légation française.

A mon arrivée à Berlin, j'avais été faire une visite à l'ambassadeur de France, le général Bournonville, car j'abordais enfin l'idée de retourner à Paris. Mes amis, mon frère surtout, m'en sollicitaient vivement. Il leur avait été facile de me faire rayer de la liste des émigrés, et j'étais rétablie dans ma qualité de Française, qu'en dépit de tout je n'avais pas perdue dans mon cœur. Le général Bournonville était un brave et bon militaire que l'on estimait beaucoup à Berlin. Il me reçut à merveille, et m'engagea de la manière la plus flatteuse à retourner dans ma patrie, m'assurant que l'ordre et la paix y étaient complètement rétablis.

Quoique le général Bournonville fût le premier ambassadeur de la république que j'allais trouver, j'en avais déjà vu d'autres. Vers la fin de mon séjour à Pétersbourg, le général Duroc et M. de Châteaugiron étaient arrivés à la cour d'Alexandre, envoyés par Bonaparte, et je me rappelle que, me trouvant à cette époque chez l'impératrice Elisabeth, je l'entendis dire à l'empereur : *Quand donc recevrons-nous les citoyens?* M. de Châteaugiron vint me faire une visite. Je le reçus de mon mieux ; mais je ne saurais dire l'effet que me fit cette cocarde tricolore. Quelques jours après ils dînèrent tous deux chez la princesse Galitzin Beauris. Je me trouvai placée à table près du général Duroc, qu'on m'avait dit être l'intime de Bonaparte ; il ne me dit pas un seul mot, et j'en fis de même avec lui.

Le dîner dont je parle donna lieu à une chose assez plaisante. Le cuisinier de la princesse, dans l'ignorance totale où il était de la révolution française, prit naturellement ces messieurs pour les ambassadeurs du roi de France. Voulant leur faire honneur, après avoir long-temps rêvé, il se souvint que les fleurs-de-lis étaient les armes de France, et il se hâta de mettre les truffes, les filets, les pâtés en fleurs-de-lis. Cette surprise consterna si fort les convives, que la princesse, dans la crainte sans doute qu'on ne l'accusât d'une aussi mauvaise plaisanterie, fit monter le chef de cuisine et l'interrogea sur cette pluie de fleurs-de-lis. Le brave homme répondit d'un air satisfait : « J'ai voulu faire voir à Son Excellence que je sais ce qu'il convient de faire dans les grandes occasions. » Une femme de mes amies, fort spirituelle, me dit alors tout bas : « Plût à Dieu que les cuisiniers et les marmitons n'en eussent jamais su davantage ! »

Peu de jours avant mon départ de Berlin, le directeur-général de l'Académie de peinture vint avec une grace infinie m'apporter lui-même le diplôme de ma réception à cette Académie. Tant de marques de bienveillance dont on me comblait à la cour de Prusse m'aurait bien certainement retenue plus long-temps, si mon plan n'avait pas été alors tout-à-fait arrêté. Décidée à partir, je pris congé de cette charmante reine si jeune! si belle! si aimable! J'ignorais, hélas! que bien peu d'années après j'aurais la douleur d'apprendre sa mort. J'ignorais que l'infame calomnie se joindrait aux revers de la guerre pour la conduire au tombeau à la fleur de son âge! Jamais je n'ai pu lire alors les bulletins de l'armée de Bonaparte, sans ressentir une indignation qu'il m'est impossible d'exprimer. Je me souviens qu'à cette époque, me trouvant à l'Opéra de Paris, dans la loge de la comtesse Potocka, il y vint un Polonais qui arrivait de l'armée française. (Certes un Polonais n'était pas suspect quand il défendait une puissance du Nord). Je lui parlai des indignes mensonges qu'on se permettait sur la liaison de la reine de Prusse avec l'empereur Alexandre. Ce jeune homme répondit : « Rien n'est plus faux, on écrit tout cela pour égayer les bulletins. » Et cependant l'aimable créature que l'on prenait pour victime lisait ces horreurs, et le chagrin qu'elle en ressentait, joint à tant d'autres chagrins, hâtait peut-être sa mort!

—

CHAPITRE V.

Je quitte Berlin. — Dresde. — Lettre à mon frère. — Francfort. — La famille Divoff. — Je rentre en France.

Je pensai perdre, en quittant Berlin, tout ce que je possédais, et voici comment. J'avais commandé mes chevaux pour cinq heures du matin. Mon domestique vraisemblablement était allé faire ses adieux à quelques gens de sa connaissance, il n'arrivait pas, et l'on sait qu'en Prusse les chevaux n'attendent jamais. Je m'étais levée encore toute engourdie par le sommeil, et le garçon de l'auberge, ne voyant point mon domestique, s'était emparé de mon nécessaire pour le descendre ainsi que tous mes autres effets. Ce nécessaire, qui renfermait mes diamans, mon or, toute ma fortune enfin, était toujours placé sous mes pieds quand je voyageais. Par le plus grand des bonheurs, dès que je fus dans la voiture, je m'aperçus, quoique à moitié endormie, que mes pieds n'étaient pas soutenus comme d'ordinaire. Les chevaux partaient; je criai que l'on arrêtât, et je demandai mon nécessaire au garçon, ayant grand soin de parler assez haut pour réveiller la maîtresse de la maison. Ceci me réussit, car, après quelques réponses évasives de cet homme, le nécessaire fut rapporté. On venait de le trouver dans une écurie au fond de la cour, tout recouvert de foin. Cet accident avait donné le temps à mon domestique d'arriver, et je partis, fort heureuse, comme on pense bien, d'avoir recouvré mon nécessaire. Je rapporte cette aventure, parce qu'elle peut servir de leçon aux voyageurs.

En quittant Berlin, j'allais à Dresde où je devais m'arrêter pour faire plusieurs copies du portrait de l'empereur Alexandre, que j'avais promises. Je comptais ensuite poursuivre ma route vers la France sans séjourner long-temps nulle part. Ce n'était pourtant qu'avec une sorte de terreur que je pensais à revoir Paris. La lettre suivante, que j'écrivais de Dresde à mon frère, peut donner une idée de ce qui se passait en moi :

Dresde, ce 18 septembre 1801.

« Il y a des siècles, mon bon ami, que je veux « t'écrire; mais j'ai toujours été en camp vo« lant, déménageant sans cesse, sans trouver « un bon coin où je puisse m'établir pour « peindre. Enfin me voilà à peu près bien, et « je commence demain les copies du portrait de « l'empereur Alexandre. J'ai reçu de toi une « petite lettre par le bon père Rivière; l'impa« tience que tu as de me revoir ne surpasse « certainement pas la mienne; mais, mon bon « ami, je ne puis te cacher ce qui se passe dans « ma pauvre tête et dans mon cœur à l'idée de

« mon retour à Paris. En me rapprochant de « la France, le souvenir des horreurs qui s'y « sont passées se retrace à moi si vivement que « je crains de revoir les lieux qui ont été té- « moins de ces scènes affreuses. Mon imagina- « tion replacera tout. Je voudrais être aveugle « ou avoir bu du fleuve d'oubli pour vivre sur « cette terre ensanglantée! Il me semble enfin « que je marche vers un tombeau, et je ne suis « pas maîtresse de mes idées noires à ce sujet.

« D'un autre côté, quand je songe que j'au- « rai la jouissance de t'embrasser, de revoir les « amis qui me restent, d'admirer encore tant de « chefs-d'œuvre des arts et d'objets intéressans, « je me sens agitée dans un sens contraire et je « n'hésite plus, je me dis que j'irai. Oui, mon « ami, j'irai pour vous retrouver tous; mais, « hélas! je ne retrouverai pas notre pauvre « mère! Cette peine est la plus sensible. Tu me « conduiras sur sa tombe....... Mon Dieu! que « d'idées tristes!

« Depuis que j'ai quitté la Russie, on me de- « mande à Vienne, à Brunswick, à Munich et à

« Londres, sans parler de Pétersbourg où l'on « me rappelle avec instance, et que j'avais tant « espéré revoir! Partout j'ai reçu l'accueil le « plus doux et le plus flatteur; partout j'ai re-« trouvé une patrie, avec la différence toute-« fois que la calomnie ne m'y déchirait pas « comme en France. Tu sais ce que cette vipère « m'a fait souffrir? Tous mes persécuteurs sont « encore là; si j'allais retomber sous leurs griffes « envenimées!...... Je te manderai au juste le « jour de mon départ et mon itinéraire; mais « sitôt cette lettre reçue, réponds poste pour « poste à toutes mes terreurs. Dis-moi surtout « si j'aurai la facilité d'aller et de venir; car « après avoir passé l'hiver avec vous, il me fau-« dra encore faire un petit voyage. Je ne crains « pas les courses, elles me font du bien. Le sé-« jour des villes me tue et les grands chemins « me guérissent: la route et quelques bains ont « suffi pour rétablir tout-à-fait ma santé.

« J'ai lu avec le plus grand plaisir tes der-« niers ouvrages; tes conventions sont char-« mantes, et je t'assure que tu es apprécié à

« Pétersbourg et partout comme à Paris; j'en « jouissais véritablement.

« Je retrouve ici la belle et aimable princesse « Dolgorouki. M. Dimidoff y est aussi, et il « s'ennuie beaucoup. Il me disait ces jours-ci: « Quelle triste ville que Dresde! j'ai beau faire, « je ne puis trouver le moyen d'y dépenser mille « écus par jour.

« C'est le bon M. Laya qui te porte cette « lettre. Je l'ai connu ici, et il m'a plu tout de « suite. C'est un homme de lettres distingué, le « meilleur enfant du monde. Le sachant ton « ami, j'étais déjà prévenue en sa faveur; mais « il n'a fait que gagner à plus ample connais- « sance. Voilà un homme aussi estimable pour « sa façon de penser que par son courage. Je « n'en dirai pas autant de notre Pindare. Sa « conduite avec le roi et la reine dont il avait « reçu tant de bienfaits est atroce. Je ne le re- « verrai jamais (1). Je désire beaucoup au con-

(1) J'ai tenu parole, quoique Lebrun le poète m'ait fait prier souvent de le recevoir.

« traire connaître particulièrement ce M. Le-
« gouvé dont tu me parles. Ses ouvrages me « le font aimer, et tu me le présenteras tout de « suite à mon arrivée.

« Adieu. Je t'embrasse, ainsi que Suzette, de « tout mon cœur, sans oublier la petite (1), que « je voudrais avoir à moi. Ne m'oublie pas au-« près de la bonne madame de Verdun. Comme « je serai aise de la revoir, ainsi que le bon Ro-« bert, Ménageot, la famille Brongniart, etc. « Voilà mes sujets de consolation, ils me sont « bien nécessaires. Adieu. »

Une fois ma résolution prise de retourner en France avant l'hiver, je pressai mon travail, en sorte que je pus aller passer quelques jours dans la famille Rivière, qui habitait Brunswick. Je vis chez eux le duc de Brunswick, qui voulait me connaître; je lui fus présentée, et il me témoigna le désir que je fisse son portrait. Comme le temps ne me le permettait plus, je

(1) Cette petite dont je parlais là est aujourd'hui madame de Rivière, ma nièce, qui m'est si tendrement attachée, et que j'aime comme ma fille.

le refusai avec regret, attendu que ce prince avait une fort belle tête. Après avoir séjourné cinq ou six jours chez les parens de M. de Rivière, je repartis seule, mon compagnon de voyage restant dans sa famille.

Je passai à Weimar, mais je n'y restai qu'une nuit, et la journée qui la précéda fut une journée de tribulations. J'étais partie comptant arriver à Weimar vers les midi, en sorte que je n'avais pris aucunes précautions pour mon dîner. Le malheur voulut que l'on me donnât un postillon qui ne connaissait pas le chemin, et qui, au lieu de prendre la bonne route, nous égara dans des terres grasses où nous passâmes la journée entière. La nuit venue, j'étais tout-à-fait mourante de fatigue et de faim. Les chevaux, éreintés, ne voulaient plus traîner la voiture, qui était fort lourde, et, pour comble d'embarras, mon domestique avait au doigt un panaris qui le mettait hors d'état de nous aider. Je me souviens que, pour tromper mon impatience, et surtout mon appétit, je pris de cette terre maudite avec laquelle j'essayai de modedeler une tête, et, sans y voir, je parvins à faire quelque chose qui ressemblait assez à un visage. Nous ne sortîmes que fort tard de cette triste position; car je n'arrivai à Weimar qu'à minuit, si faible, et si étourdie par cette longue course, que tout le long de la route, la nuit étant très noire, j'avais donné au péage des barrières deux ducats au lieu de deux gruts (1). Je ne m'aperçus de mon erreur qu'à la porte de l'auberge, en payant la dernière poste, et je renvoyai chercher mes deux derniers ducats, qui me furent rendus.

J'étais en route depuis onze heures du matin sans avoir rien pris, encore me fallut-il attendre long-temps à la porte de l'auberge que l'on vînt m'ouvrir, car on se couche de bonne heure à Weimar, et personne n'était sur pied. Lorsque enfin je me retrouvai dans une chambre, et que je me regardai dans la glace, je me fis peur, tant l'ennui, la fatigue et la faim m'avaient mise dans un état pitoyable.

(1) Le ducat vaut douze francs, le grutz deux sols.

On m'avait donné, à la cour de Prusse, des lettres pour la cour de Weimar; mais j'étais si fatiguée, si souffrante, et si mal dans cette auberge, que je partis le lendemain de bonne heure. A Gotha, où j'allai ensuite, je trouvai le baron de Grimm, que j'avais beaucoup connu à Paris; il fut pour moi d'une grande obligeance, en s'occupant de mes intérêts d'argent sur le change du pays, et de tout ce qui m'était nécessaire pour mon voyage, et je ne m'arrêtai plus qu'à Francfort.

Je descendis dans cette ville à un très bel hôtel garni, qui portait le nom d'hôtel de France ou de Paris, je ne sais plus lequel des deux. J'avais laissé à Berlin mon vieux ivrogne, qui m'avait tant tourmentée, et quand je sortis de voiture, un jeune Allemand, très bien mis, qui se trouvait sous la porte de l'hôtel, m'offrit de me monter mon nécessaire. Il le porta sur la table de la première chambre que je devais occuper, puis, comme naturellement je l'avais suivi, il voulut me baiser la main, ce que je refusai le plus poliment du monde, tout en le remerciant de sa politesse. Il retourna aussitôt sous la porte cochère, et je fermai la mienne en entrant dans ma chambre; car, je ne sais pourquoi, la figure de ce jeune homme me déplaisait et m'inspirait de la méfiance.

Quelques momens après, j'entendis une voiture s'arrêter devant l'hôtel. Je me mets à la fenêtre qui donnait sur la rue, et je vois descendre la bonne madame Divoff, son mari et son fils, que j'avais beaucoup connus à Pétersbourg. Je fus doublement satisfaite de cette rencontre, ayant un peu peur malgré moi de mon inconnu. Je courus embrasser cette excellente famille, et voilà le jeune Allemand qui arrive à leur voiture pour aider les domestiques à porter les paquets dans leurs chambres. Tant d'empressement me parut bien suspect; mais madame Divoff, reconnaissante de cette obligeance, invita le jeune homme à souper avec nous. A table, il nous raconta ses malheurs, au sujet d'un mariage d'amour qu'il avait manqué. C'était un vrai roman, et j'étais si fortement persuadée qu'il l'inventait, qu'il ne me toucha pas le moins du monde, quoique la bonne madame Divoff en eût les larmes aux yeux. Le lendemain encore, elle invita le conteur à déjeuner, ce que je n'approuvai pas du tout. Nous fûmes obligés de rester six jours à Francfort, pendant lesquels je m'ennuyai beaucoup (1); mais le bruit courait que Bonaparte avait été assassiné, ce qui aurait changé tous nos plans. Enfin lorsque nous fûmes prêts à partir et que l'on fit les paquets, il manquait plusieurs couverts d'argent à madame Divoff. Je ne doutai pas une minute qu'ils n'eussent été pris par le jeune Allemand, et tout aussitôt après mon arrivée à Paris, en effet, je lus dans la gazette

(1) Pour passer le temps pendant ces six jours je raccommodai mes vieilles chemises, et Dieu sait comme cela était cousu! aussi, à mon arrivée à Paris, je pris une femme de chambre qui, voyant mon raccommodage, me dit: « On voit bien que madame vient d'un pays barbare, car ceci est cousu à la diable.» Je me mis à rire et lui répondis que c'était mon ouvrage. La pauvre fille tout embarrassée aurait bien voulu reprendre ses paroles; mais je la rassurai en lui avouant que je n'avais jamais su coudre.

que ce jeune homme venait d'être arrêté pour vol.

Je n'essaierai point de peindre ce qui se passa en moi lorsque je touchai cette terre de France que j'avais quittée depuis douze ans; la douleur, l'effroi, la joie qui m'agitaient tour à tour (car il y avait de tout cela dans les mille sensations qui me bouleversaient l'ame). Je pleurais les amis que j'avais perdus sur l'échafaud; mais j'allais revoir ceux qui me restaient encore. Cette France dans laquelle je rentrais avait été le théâtre de crimes atroces; mais cette France était ma patrie!

CHAPITRE VII.

J'arrive à Paris. — Concert de la rue de Cléry. — Bal chez madame Regnault de Saint-Jean-d'Angeli. — Madame Bonaparte. — Vien. — Gérard. — Madame Récamier. — Madame Tallien. — Ducis. — Mes soirées. — Je pars pour Londres.

A mon arrivée à Paris dans notre maison de la rue du Gros-Chenet, M. Lebrun, mon frère, ma belle-sœur et sa fille, vinrent me recevoir à ma descente de voiture, pleurant tous de joie de me revoir, et j'étais moi-même bien attendrie. Je trouvai l'escalier rempli de fleurs, et mon appartement parfaitement arrangé. La tenture et les rideaux de ma chambre à coucher étaient en casimir vert, les rideaux bordés d'une broderie en soie flote couleur d'or; M. Lebrun avait fait surmonter le lit d'une couronne d'étoiles d'or; tous les meubles étaient commodes et de bon goût, enfin je me trouvais fort bien installée. Quoique M. Lebrun m'ait certes fait payer tout cela bien cher, je n'en fus pas moins sensible aux soins qu'il avait pris pour me rendre mon habitation agréable.

La maison de la rue du Gros-Chenet était séparée par un jardin d'une maison qui donnait sur la rue de Cléry, et qui appartenait aussi à M. Lebrun. Il y avait dans cette dernière une salle immense (1), où se donnaient de très beaux concerts. On m'y conduisit le soir même de mon arrivée, et dès que je fus entrée, tout le monde se tourna vers moi, les spectateurs en battant des mains, et les musiciens en frappant de leur archet sur leur violon. Je fus tellement

(1) Dans la révolution, toutes les églises étant fermées, M. Lebrun prêta cette salle pour y dire la messe.

sensible à un accueil si flatteur, que je fondis en larmes. Je me souviens que madame Tallien était à ce concert, éclatante de beauté.

La première visite que je reçus le lendemain à mon lever, fut celle de Greuze, que je ne trouvai pas changé. On eût dit qu'il ne s'était point décoiffé : ses boucles de cheveux flottaient encore de chaque côté de sa tête comme à mon départ. Je fus touchée de son empressement, et bien contente de le revoir. Après Greuze arriva ma bonne amie, madame de Bonneuil, aussi jolie que par le passé; car la conservation de cette charmante femme a tenu du prodige. Elle me dit que sa fille, madame Regnault de Saint-Jean-d'Angely, donnait un bal le lendemain, et qu'il fallait absolument que j'y vinsse. « Mais, lui dis-je, je n'ai point de robe parée. » Alors je lui montrai cette fameuse pièce de mousseline des Indes brodée, qui avait fait tant de chemin avec moi, et qui, comme on sait, avait couru de si grands risques depuis que madame Dubarry me l'avait donnée. Madame de Bonneuil la trouva fort belle, et l'envoya à madame Germain', la célèbre couturière, qui me fit tout de suite une robe à la mode, qu'elle m'apporta le soir même.

J'allai donc au bal de madame Regnault, et je trouvai là les plus belles femmes de l'époque, en tête desquelles il faût placer madame Regnault elle-même, puis madame Visconti, si remarquable par la beauté de sa taille et de son visage. Tandis que je me plaisais à fixer mes regards sur toutes ces charmantes personnes, une femme qui était assise devant moi se retourna; elle était si admirable, que je ne pus m'empêcher de lui dire : « Ah! Madame, comme vous êtes belle! » Cette femme était madame Jouberto, alors sans fortune, et qui depuis a épousé Lucien Bonaparte. Je vis aussi à ce bal beaucoup des généraux français; on me montra Macdonald, Marmont et plusieurs autres; enfin c'était un monde tout nouveau pour moi.

Peu de jours après mon arrivée, madame Bonaparte vint me voir un matin; elle me rappela les bals où nous nous étions trouvées ensemble avant la révolution, ce que j'avais tout-à-fait oublié; mais j'en fus d'autant plus sensible à son souvenir. Elle fut très aimable, et m'invita à aller déjeuner chez le premier consul. Toutefois, comme je n'y mis pas un grand empressement, le jour de ce déjeuner ne fut jamais fixé.

Je ne tardai pas à recevoir la visite de mon ami Robert, des Brongniart, et celle de Ménageot, qui avait été directeur de Rome. Ce dernier me parla, la première fois qu'il vint me voir, de la révolte des jeunes gens qui lui avait fait quitter Rome; il me conta aussi qu'à son retour il avait vu Bonaparte à Lodi après la grande victoire que venait d'y remporter ce général. Bonaparte, en lui montrant le champ de bataille encore tout couvert de morts, lui dit avec un grand sang-froid: « Ce serait un beau tableau à faire. » Ménageot avait été indigné de ce mot. « C'était, ajouta-t-il, un spectacle affreux, déchirant; il y avait plusieurs chiens qui pleuraient auprès du cadavre de leur maître : ces pauvres chiens me parurent bien plus humains que Bonaparte! »

J'étais bien vivement touchée de la joie que me témoignaient les amis et les connaissances qui chaque jour accouraient chez moi. A la vérité, le plaisir que j'éprouvais à les revoir tous était cruellement troublé par le chagrin d'apprendre beaucoup de morts que j'ignorais; car il ne me venait pas une personne qui n'eût perdu ou sa mère, ou son mari, ou pour le moins quelque parent. Il me fallut subir une autre peine plus sensible que les autres : la bienséance m'obligeait à faire une visite à mon vilain beau-père; il habitait à Neuilly une petite maison qui avait été achetée par mon père, et où j'étais allée bien souvent dans ma première jeunesse. Tout dans ce lieu me rappela ma pauvre mère, le temps heureux que j'avais passé près d'elle; j'y retrouvai son panier à ouvrage tel encore qu'elle l'avait laissé; enfin cette visite fut pour moi cruellement triste, d'autant plus que je n'étais déjà que trop disposée aux larmes. En allant à Neuilly je venais pour la première fois de passer sur la place Louis XV, où je croyais voir encore le sang de tant de nobles victimes! mon frère, qui était avec moi, se reprocha beaucoup de n'avoir pas fait prendre un autre chemin, car ce que je souffris alors ne saurait se décrire; même encore aujourd'hui il m'est impossible de passer sur cette place sans me rappeler les horreurs dont elle a été le théâtre, et je ne puis me rendre maîtresse de mon imagination.

On peut bien penser avec quel empressement je me rendis au musée du Louvre, qui possédait alors tant de chefs-d'œuvre; la première fois j'y allai seule, pour jouir de cette vue sans distraction: je parcourus d'abord la galerie de tableaux, ensuite celle des statues; et lorsque, enfin, après être restée plusieurs heures sur mes jambes, je pense à retourner chez moi pour dîner à quatre heures et demie, les gardiens, ignorant que je n'étais point sortie, avaient fermé toutes les portes; je cours à droite, à gauche; je crie; il m'est impossible de me faire entendre et de me faire ouvrir; je mourais de faim et de froid, car nous étions au mois de février; je ne pouvais frapper aux fenêtres, elles étaient beaucoup trop élevées : ainsi je me trouvais en prison au milieu de ces belles statues que je n'étais plus du tout en disposition d'admirer; elles me paraissaient des fantômes; et à l'idée qu'il me faudrait passer la journée et la nuit avec elles, la frayeur et le désespoir s'emparaient de moi; enfin, après avoir fait mille détours, j'aperçus une petite porte contre laquelle je frappai si fort que l'on vint m'ouvrir; je sortis précipitamment, ravie de reprendre ma liberté et de pouvoir aller dîner, car j'avais grand besoin de manger.

Peu de jours après mon arrivée, je reçus de la Comédie Française la lettre suivante :

« Madame,

« La Comédie Française me fait l'honneur de « me charger de vous adresser la copie d'un « arrêté qu'elle vient de prendre pour rétablir « votre nom sur la liste des entrées à son théâtre; « elle vous prie d'agréer cet hommage comme « une marque de son admiration pour vos rares

« talens, et de la haute estime que vous lui « inspirez à tant de titres.

« J'ai l'honneur, etc.

« Maignien, *Secrétaire.* »

La Comédie Française ne se borna pas à me donner cette marque flatteuse de son souvenir : Molé et Fleury allèrent trouver mon frère pour lui dire que les premiers acteurs désiraient venir jouer une comédie chez moi, et Vestris le père le prévint aussi que l'Opéra danserait un ballet après la pièce. Tout cela, selon leur plan, devait avoir lieu dans ma galerie. Quoique sensible autant qu'on peut l'imaginer à ces témoignages de bienveillance pour moi, ne désirant pas être placée en évidence, je refusai des hommages si flatteurs; toutefois, j'en ai conservé un souvenir d'autant plus reconnaissant qu'il semblait que Paris voulût me consoler, à mon retour, de tant d'odieuses calomnies qui avaient précédé mon départ.

La première fois que j'allai au spectacle, l'aspect de la salle me parut extrêmement triste;

habituée comme je l'étais à voir autrefois en France, et depuis dans l'étranger, tout le monde poudré, ces têtes noires et ces hommes vêtus d'habits noirs formaient un sombre coup d'œil. On aurait cru que le public était rassemblé pour suivre un convoi.

En général l'aspect de Paris me paraissait moins gai; les rues me semblaient si étroites que j'étais tentée de croire qu'on y avait bâti double rang de maisons. Ceci tenait sans doute au souvenir récent des rues de Pétersbourg et de Berlin, qui sont pour la plupart extrêmement spacieuses. Mais ce qui me déplaisait bien davantage, c'était de voir encore écrit sur les murs : *liberté, fraternité ou la mort.* Ces mots consacrés par la terreur faisaient naître de bien tristes idées sur le passé et ne vous laissaient pas sans crainte sur l'avenir.

On me mena voir une grande parade du premier consul sur la place du Louvre. J'étais placée à une fenêtre du Musée, et je me souviens que je ne voulais pas reconnaître pour Bonaparte le petit homme si mince que l'on me montrait; le duc de Crillon, qui était à côté de moi, avait toute la peine du monde à me le persuader. Il m'arrivait ici comme pour l'impératrice Catherine, de m'être peint en imagination cet homme si célèbre sous la figure d'un homme colossal. Peu de jours après mon arrivée, les frères de Bonaparte vinrent voir mes ouvrages; ils furent très aimables pour moi et me dirent les choses les plus flatteuses; Lucien surtout regarda avec une attention toute particulière ma Sibylle dont il fit mille éloges.

Mes premières visites furent pour mes bonnes et anciennes amies, la marquise de Groslier et madame de Verdun, que j'étais si heureuse de retrouver; pour la comtesse d'Andelau, très aimable femme, qui avait infiniment de grâce dans l'esprit: je vis en même temps chez elle ses deux filles, madame de Rosambo (1) et madame

(1) La comtesse de Rosambo est morte peu de temps après la Restauration. Cette femme si parfaite sous tous les rapports est vivement regrettée de toute sa famille et de ceux qui ont eu le bonheur de la connaître.

d'Orglande, qui étaient dignes de leur mère par leur esprit et par leur beauté.

J'allai voir aussi la comtesse de Ségur. Je la trouvai seule et fort triste; son mari n'avait pas encore de place, et tous deux vivaient très gênés. Plus tard, à mon retour de Londres, lorsque Bonaparte fut empereur, il nomma le comte de Ségur maître des cérémonies (1), ce qui leur donna beaucoup d'aisance. Je me rappelle qu'à cette époque, ayant été la voir un soir vers les huit heures, et la trouvant toute seule, elle me dit : «Vous ne croiriez pas que j'ai eu vingt personnes à dîner? ils sont tous partis après le café.» J'en fus en effet assez surprise; car avant la révolution, la plupart des gens que l'on avait à dîner restaient avec vous jusqu'au soir, ce que je trouvais beaucoup plus sociable que la méthode actuelle.

Dans le même temps, madame de Ségur m'invita à une grande soirée de musique, où elle

(1) Le frère de celui-ci, le vicomte de Ségur, mettait alors assez plaisamment sur ses cartes : *Ségur sans cérémonies*

avait rassemblé toutes les puissances du jour. J'eus lieu d'y remarquer une autre innovation qui ne me sembla pas plus heureuse. Je fus étonnée, en entrant, de voir tous les hommes d'un côté et toutes les femmes de l'autre; on eût dit des ennemis en présence. Pas un homme ne venait de notre côté, à l'exception du maître de la maison, le comte de Ségur, que son ancienne coutume de galanterie engageait à venir adresser aux dames quelques mots flatteurs. On annonça madame de Canisy, très belle femme, faite comme un modèle. Nous perdîmes alors notre unique chevalier; le comte alla se prosterner devant cette beauté, à qui, dans ce moment, me dit-on, l'empereur rendait des soins, et ne la quitta plus de la soirée.

Je me trouvais assise à côté de madame de Bassano que l'on m'avait fort vantée, et que je désirais voir. Elle parut faire beaucoup d'attention au chiffre en diamans qui m'avait été donné par la reine de Naples lorsque j'avais pris congé de cette princesse, lequel était en effet très beau. Du reste, me considérant là sans doute comme une intrue, puisque je n'étais ni femme de ministre, ni de la cour, elle ne me dit pas une parole, ce qui ne m'empêcha point de la regarder souvent et de la trouver fort jolie.

Le premier artiste auquel je fis visite fut M. Vien, qui avait été anciennement nommé premier peintre du roi, et que Bonaparte venait de faire sénateur. Je fus infiniment flattée de l'aimable accueil qu'il voulut bien me faire, et de l'extrême bonté qu'il me témoigna. Il avait alors quatre vingt-deux ans, et pourtant il me montra deux esquisses composées dans le genre des bacchanales antiques, qu'il venait de peindre. Elles étaient charmantes. J'en fus surprise et charmée au point qu'il y a trente-cinq ans que je les ai vues, et que je me les rappelle parfaitement.

On peut regarder M. Vien comme le chef d'une restauration de l'école française. C'est lui qui, le premier, rendit du style et de l'exactitude aux costumes grecs et romains. David et ses élèves, Gérard, Gros, Girodet, sous ce rapport, sont certainement renommés avec raison.

Mais il est juste de dire que M. Vien avait donné l'exemple de ce perfectionnement dans ses sujets historiques.

Après cette visite, j'allai chez M. Gérard, déjà si célèbre par ses tableaux de Bélisaire et de Psyché. J'avais le plus grand désir de connaître ce grand artiste que l'on disait se distinguer par son esprit autant que par son rare talent. Je le trouvai en tout digne de sa renommée, et je l'ai toujours compté depuis au nombre des personnes dont j'aime à me rapprocher. Il venait alors de terminer le beau portrait de madame Bonaparte étendue sur un canapé, qui devait ajouter encore à sa réputation dans ce genre.

Le portrait de madame Bonaparte me donna le désir de voir aussi celui que Gérard avait fait de madame Récamier; alors j'allai chez cette belle personne, charmée d'une circonstance qui me procurait le plaisir de la voir et de faire connaissance avec elle.

Très peu de jours après, elle m'invita à un grand bal, où je me rendis avec la princesse

Dolgorouki, que j'avais la joie de posséder à Paris. Ce bal était charmant, beaucoup de monde sans confusion, un grand nombre de jolies femmes, un fort bel hôtel, rien n'y manquait. Comme la paix d'Amiens venait de se faire, on retrouvait dans cette réunion je ne sais quel air de tenue et de magnificence que la jeune génération n'avait pu connaître jusqu'alors. C'était pour la première fois que les hommes et les femmes de vingt ans voyaient à Paris des livrées dans les antichambres, dans les salons des ambassadeurs; des étrangers de marque, richement vêtus, tous décorés d'ordres brillans : et, quoi qu'on puisse dire, ce luxe convient mieux pour un bal que les carmagnoles et les pantalons.

Une femme rivalisait alors à Paris avec madame Récamier sous le rapport de la beauté. C'était madame Tallien. Robert, qui la connaissait beaucoup, me mena chez elle; et j'avoue que je cherchai vainement un défaut dans l'ensemble de cette charmante personne. Elle était à la fois belle et jolie; car la régularité de ses traits ne lui enlevait point ce qu'on appelle la physionomie. Son sourire, son regard, avaient quelque chose de ravissant, et sa taille, ses bras, ses épaules, étaient admirables.

Madame Tallien joignait à sa beauté un cœur excellent; on sait que dans la révolution une foule de victimes, dévouées à la mort, avaient dû leur salut à l'empire qu'elle exerçait sur Tallien, les infortunés la nommaient alors *notre dame de bon secours*. Elle me reçut avec une grâce parfaite. Plus tard, lorsqu'elle eut épousé le prince de Chimay, elle habitait au bout de la rue de Babylone un très bel hôtel où son mari et elle s'amusaient à jouer la comédie. Tous deux la jouaient fort bien; elle m'invita à l'un de ces spectacles et vint plusieurs fois à mes soirées.

Je ne tardai pas à former à Paris quelques nouvelles liaisons, dont le temps a fait des amitiés. J'avais le bonheur d'être fort proche voi-voisine de la marquise d'Hautpoult, que son caractère, sa bonté, son esprit, me firent aimer promptement, et qui est restée une de mes meilleures amies.

Je fis aussi connaissance, dans ce temps, avec

madame de Bawr, qui venait d'épouser un officier russe, fils du célèbre général de ce nom. Elle était fort jeune alors, et ne s'était pas encore distinguée dans les lettres comme elle l'a fait depuis, quand elle eut perdu et son mari et sa fortune; mais alors comme aujourd'hui, elle joignait à son esprit et à ses talens cette modestie si vraie, si réelle, et surtout cette bonté d'ame qui me la font chérir.

J'eus de même le bonheur, à cette époque, de connaître Ducis dont le beau caractère égalait le rare talent. Le naturel, l'extrême simplicité de toutes ses manières contrastaient si bien avec la brillante imagination dont le ciel l'avait doué, que je n'ai jamais vu d'homme plus attachant que cet excellent Ducis. Ses amis n'avaient d'autre regret que celui de ne pouvoir le fixer à Paris; mais il n'aimait point la ville, et pour que tout fût semblable dans sa façon d'être, il fallait des bergers, des prairies, à l'auteur d'*OEdipe* et d'*Otello*.

La vie solitaire qu'il se plaisait à mener fut pour moi la cause d'une surprise, ou plutôt d'une peur que je n'ai jamais oubliée. A mon retour de Londres, j'allai le voir à Versailles où j'avais appris qu'il s'était retiré. C'était le soir; arrivée à sa porte, je frappe, et madame Peyre, la veuve de l'architecte, que je croyais morte depuis long-temps, vient m'ouvrir, tenant une chandelle à la main. Je fis un cri d'effroi; je la regardais d'un air effaré, sans pouvoir reprendre mes esprits, tandis qu'elle me racontait comment, depuis peu, elle avait épousé Ducis. Je finis pourtant par comprendre et par me rassurer. Elle me conduisit près de son mari que je trouvai seul dans une petite chambre au dernier étage de la maison, entouré de livres et de manuscrits. Rien de cette habitation ne me parut ni bien champêtre, ni bien agréable; mais l'imagination de Ducis faisait de ce grenier, qu'il appelait son *belvéder*, un lieu de délices.

Je retrouvais avec grand plaisir madame Campan. Elle jouait alors un assez grand rôle dans la famille qui devait bientôt devenir famille régnante. Elle m'invita à dîner un jour à Saint-Germain où elle avait établi son pensionnat. Je me trouvai à table avec madame Murat, sœur de Napoléon ; mais nous étions placées de manière que je ne pus voir que son profil, attendu qu'elle ne tourna pas la tête de mon côté. Je jugeai pourtant sur ce seul aperçu qu'elle était jolie. Le soir les jeunes pensionnaires nous donnèrent une représentation d'*Esther* où mademoiselle Augué, qui épousa depuis le maréchal Ney, joua fort bien le premier rôle. Bonaparte assistait à ce spectacle. Il était assis sur la première banquette ; je me mis sur la seconde, dans un coin, mais à très peu de distance de lui, afin de pouvoir l'examiner à mon aise. Quoique je fusse placée dans l'obscurité, madame Campan vint me dire dans l'entr'acte qu'il m'avait devinée.

J'avais remarqué avec plaisir dans la chambre de madame Campan un buste de Marie-Antoinette. Je lui savais gré de ce souvenir, et elle me dit que Bonaparte l'approuvait, ce que je trouvai bien de la part de celui-ci. Il est vrai de dire qu'à cette époque il semblait ne devoir rien redouter ni du passé ni de l'avenir. Ses victoires excitaient l'enthousiasme des Français, et même celui des étrangers. Il avait surtout beaucoup d'admirateurs parmi les Anglais, et je me souviens qu'un jour que j'allai dîner chez la duchesse de Gordon, elle me montra le portrait de Bonaparte en me disant : *Voilà mon zéro.* Comme elle parlait fort mal le français, je compris ce qu'elle voulait dire, et nous rîmes beaucoup toutes deux quand je lui expliquai ce que c'était qu'un zéro.

Le grand nombre d'étrangers de ma connaissance qui se trouvaient alors à Paris, et le désir de me distraire d'une mélancolie que je ne pouvais parvenir à vaincre, m'engagèrent à donner des soirées. La princesse Dolgorouki désirait vivement connaître l'abbé Delille que j'invitai à venir souper chez moi avec beaucoup d'autres personnes qui étaient dignes de l'entendre. Quoique ce charmant poète fût devenu aveugle, il n'en avait pas moins conservé l'aimable gaieté de son caractère. Il nous récita ses beaux vers dont nous fûmes tous enchantés.

Après ce souper, j'en donnai plusieurs autres.

Je réunis à l'un d'eux tous les principaux artistes de cette époque, et nous soupâmes gaiement, comme avant la révolution. Au dessert, chacun fut contraint de chanter une chanson. Gérard choisit l'air de Marlboroug; mais, à vrai dire, son chant n'était point aussi parfait que sa peinture, car il avait la voix fausse; et nous en rîmes beaucoup.

Une autre fois j'arrangeai un souper, où se trouvaient tous les grands personnages de ce temps, et les ambassadeurs au nombre desquels était M. de Metternich. Puis je donnai un bal où dansèrent madame Hamelin, M. de Trénis et plusieurs autres danseurs renommés; car alors la mode était venue de danser dans la société aussi bien que l'on danse à l'Opéra. Madame Hamelin était regardée comme la meilleure danseuse des salons de Paris. Il est certain qu'elle avait une grâce et une légèreté admirables. Je me rappelle qu'à ce bal madame Dimidoff dansa ce qu'on appelait la valse russe d'une manière si ravissante, que l'on montait sur les banquettes pour la voir.

Comme j'avais dans la maison de la rue du Gros-Chenet une fort belle galerie, j'imaginai de faire dresser un théâtre pour qu'on y jouât la comédie. Tout ce qu'il y avait alors de personnes marquantes étaient au nombre des spectateurs. Le spectacle se composait d'une comédie de mon frère, intitulée *l'Entrevue*, et de *Crispin rival de son maître*. Mon frère, ma belle-sœur, M. de Rivière et madame de Bawr, qui fut charmante dans la soubrette, jouèrent la première pièce. *Crispin rival de son maître*, (quoiqu'il nous manquât le comte de Langeron si plaisant dans Labranche), fit le plus grand plaisir, au point que Molé, Fleury et mademoiselle Contat, qui étaient présens, furent tout-à-fait surpris de la manière dont on joua les deux pièces.

Je m'empressais par ces réunions de rendre aux Russes et aux Allemands qui se trouvaient à Paris quelques-uns des plaisirs qu'ils m'avaient procurés dans leur pays. Avec tant de grâces et de bienveillance, je passais ma vie avec eux. Je voyais surtout presque tous les jours la princesse Dolgorouki, qui avait été si parfaite pour moi à Pétersbourg. Le séjour de Paris lui plaisait assez, et elle était parvenue promptement à se former une société des plus aimables gens de nos salons. Ceci me rappelle que je retrouvai chez elle un soir le vicomte de Ségur que j'avais beaucoup vu avant la révolution. Il était alors jeune, élégant, faisant mille conquêtes par le charme de sa physionomie. Je le revoyais chez la princesse la figure éteinte, ridée, coiffé d'une perruque à boucles, symétrique de chaque côté, qui laissait le front sans cheveux. Douze années de plus et cette perruque le vieillissaient tellement que je ne le reconnus qu'à sa voix. « Hélas! me dis-je tout bas, ce que c'est que de nous ! »

La princesse Dolgorouki vint me voir le jour qu'elle avait été présentée à Bonaparte. Je lui demandai comment elle avait trouvé la cour du premier consul : « Ce n'est point une cour, me répondit-elle, mais une puissance. » La chose en effet dut lui paraître ainsi, étant accoutumée à la cour de Pétersbourg qui est si nombreuse et si brillante, tandis qu'elle trouva aux Tuileries fort peu de femmes, mais un nombre prodigieux de militaires de tous grades.

Au milieu des distractions que m'offrait le séjour de Paris, je n'en étais pas moins poursuivie par une foule d'idées noires, qui venaient m'accabler même au sein des plaisirs. Je finis par éprouver un besoin ardent de vivre seule, en sorte que j'allai m'établir à Meudon, dans un endroit qu'on appelait la Capucinière et qui avait été habité par des religieux. La petite maison que je louai, bâtie pour servir de retraite à l'un des supérieurs, avait tout-à-fait l'air d'une Thébaïde. Elle était placée au milieu des bois, et son aspect agreste et solitaire aurait pu me faire croire que j'étais à mille lieues de Paris. Cela me convenait à merveille; car ma mélancolie était si grande, que je ne pouvais voir personne; lorsque j'entendais une voiture, je m'enfuyais dans les bois de Meudon.

La première visite que je reçus là, ce fut celle de la duchesse de Fleury et de mesdames de Bellegarde qui habitaient ensemble une maison dans les environs. Elles m'invitèrent à venir les voir, et toutes trois étaient si aimables, que ce voisinage me charma au point de me réconcilier avec l'humanité et de dissiper ma mélancolie. Toutefois, lorsque l'automne vint, je retournai à Paris où je retrouvai toutes mes idées tristes. Pour mettre fin à un état d'esprit aussi pénible, je me décidai à faire un voyage. Plusieurs fois, pendant que j'étais à Rome, on avait mis dans les journaux que j'étais à Londres, pour faire croire que j'avais suivi M. de Calonne; mais le fait est que je n'avais jamais vu cette ville, et je résolus de m'y rendre.

CHAPITRE VII.

Londres. — Les *routs*. — West. — Reynolds. — Madame Siddons. — Madame Billington. — Madame Grassini. — La duchesse de Devonshire. — Sir Francis Burdett.

Je partis pour Londres le 15 avril 1802. Je ne savais pas un mot d'anglais. A la vérité j'emmenais avec moi une femme de chambre anglaise; mais cette fille m'avait déjà assez mal servie jusqu'alors, et je fus obligée de la renvoyer fort peu de temps après mon arrivée à Londres, vu qu'elle ne faisait autre chose toute la journée que manger des tartines de beurre. Heureusement j'emmenais aussi avec moi une personne charmante, à qui la mauvaise fortune rendait précieux l'asile qu'elle avait trouvé chez moi, où elle vivait sur le pied d'amie. C'était ma bonne Adélaïde, dont les soins et les conseils m'ont toujours été si utiles.

En débarquant à Douvres, je fus d'abord un peu effrayée à la vue de toute une population assemblée sur le rivage; mais on me rassura en me disant que cette foule était composée simplement de curieux, qui, selon la coutume, venaient voir débarquer les voyageurs. Le soleil commençait à se coucher. Je pris aussitôt une chaise attelée de trois chevaux, et je partis sans retard; car je n'étais pas sans inquiétude, attendu que l'on m'avait assurée que je pourrais bien rencontrer des voleurs sur la route. J'avais pris la précaution de placer mes diamans dans mes bas, et je m'en sus bon gré, lorsque j'aperçus de loin deux hommes à cheval qui accouraient vers moi au galop. Ce qui mit le comble à ma frayeur fut de les voir se séparer afin de pouvoir, comme je l'imaginais, se placer aux deux portières de ma voiture. J'avoue que je fus saisie d'un affreux tremblement; mais j'en fus quitte pour la peur.

Arrivée à Londres, je descendis à l'hôtel Brunet, dans Leicester-Square. J'étais extrêmement fatiguée et j'avais un grand besoin de sommeil; toutefois il me fut impossible de dormir; tant que la nuit dura, j'entendis parler et marcher à grands pas sur ma tête. La cause de ce bruit, qui était insupportable, me fut expliquée le lendemain : je rencontrai dans l'escalier M. de Parceval Grand-Maison, que j'avais beaucoup connu à Paris, et que j'étais charmée de voir. Lorsqu'il m'eut dit qu'il logeait au-dessus de moi, je le priai de ne plus se promener toute la nuit, et de ne pas choisir cette heure pour réciter ses vers, attendu qu'il avait la voix si forte et si sonore qu'elle arrivait jusqu'à ma chambre. Il me le promit, et depuis ce jour me laissa reposer tranquillement.

Comme mon intention n'était pas de rester dans l'hôtel que j'habitais, je profitai de l'obligeance d'un de mes compatriotes, nommé Charmilly, qui vint me voir, mais que je ne connaissais pas, pour aller chercher un logement. J'en pris un dans Beck-Street, et ceci me rappelle qu'à mon arrivée à Londres, l'ignorance où j'étais de la langue anglaise me fit tomber dans une méprise assez plaisante. Accoutumée que j'étais à lire *rue de Richelieu*, *rue de Cléry*, etc., le mot *street* (1), écrit le dernier, me semblait le nom de la rue, et je disais à mon domestique : En voici une qui ne finit pas.

Ce logement que je venais de prendre dans Beck-Street, présentait tant d'inconvéniens pour moi, qu'il me fut impossible d'y rester longtemps. D'abord, sur le derrière de la maison, je touchais au logis de la garde royale, et tous les matins, de trois à quatre heures, j'entendais sonner une trompette si forte et si fausse qu'elle aurait pu servir pour le jugement dernier. A ce bruit se joignait celui des chevaux de cette garde, dont les écuries se trouvaient sous mes fenêtres, et qui m'empêchait de dormir toute la nuit. Le jour, j'avais le bruit des enfans d'une

(1) On sait que *street* veut dire rue.

voisine que j'entendais continuellement monter ou descendre les escaliers. Ces enfans étaient fort nombreux, au point que leur mère, ayant appris que l'on venait voir mes tableaux, arriva un jour chez moi avec toute sa famille, et me fit l'effet de madame Gigogne. J'aurais pu, il est vrai, me réfugier dans une chambre située beaucoup plus heureusement; mais j'avais trop de répugnance à l'habiter, sachant qu'il venait d'y mourir une dame; les armes de la défunte étaient encore au-dessus de la porte de la rue; mais je ne connaissais pas cet usage, autrement je n'aurais jamais loué cette maison. Je quittai donc Beck-Street. J'allai m'établir dans un bel hôtel à Portmann-Square. Cette place très grande me faisait espérer de la tranquillité. Avant de louer, j'avais regardé les derrières de la maison, qui me promettaient le plus grand calme. Je couchais de ce côté pour être plus tranquille. Mais voilà que le lendemain, à la pointe du jour, j'entends des cris qui me perçaient les oreilles. Je me lève, j'avance la tête à la fenêtre, et j'aperçois à celle qui m'était la plus voisine, un oiseau énorme comme jamais on n'en a vu. Il était attaché sur un grand bâton. Son regard était furieux, son bec et sa queue d'une longueur monstrueuse; enfin je puis affirmer, sans aucune exagération, qu'un gros aigle près de lui aurait eu l'air d'un petit serin. D'après ce qu'on me dît, il paraît que cette horrible bête venait des grandes Indes. Mais quel que fût le lieu de son origine, je n'en écrivis pas moins à sa maîtresse de vouloir bien le faire mettre du côté de la rue. Cette dame me répondit qu'il avait d'abord été placé ainsi, mais que la police l'avait fait ôter parce qu'il effrayait les passans.

Ne pouvant me débarrasser de l'oiseau, j'aurais peut-être enduré ce tourment; mais l'hôtel avait été habité avant moi par des ambassadeurs indiens, et l'on vint me dire que ces diplomates avaient fait enterrer deux de leurs esclaves dans ma cave où ils étaient encore. C'était trop à la fois de ces cadavres et de l'oiseau; je quittai Portmann-Square, et j'allai m'établir Madox-Street, dans un logement où l'humidité était affreuse, ce qui ne m'empêcha pas d'y rester, tant j'étais lasse de déménagemens.

Si grande et si belle que soit la ville de Londres, elle offre moins de pâture à la curiosité d'un artiste que Paris et les villes d'Italie. Ce n'est pas qu'on ne trouve en Angleterre un grand nombre d'objets d'arts précieux, mais la plupart sont possédés par de riches particuliers qui en font l'ornement de leur château à la campagne et en province. A l'époque dont je parle, Londres ne possédait point de musée de peinture. Celui qui existe maintenant étant le fruit de legs et de présens faits à la nation depuis peu d'années. A défaut de tableaux j'allai voir des monumens. Je retournai plusieurs fois à l'abbaye de Westminster, où les tombeaux des rois et des reines sont superbes. Comme ils appartiennent à tous les siècles, ils offrent un grand intérêt aux artistes et aux amateurs. J'admirai, entre autres, celui de Marie-Stuart, dans lequel les restes de cette malheureuse reine furent déposés par son fils, Jacques Ier. Je m'arrêtai souvent et long-temps dans la partie de l'église consacrée à la sépulture des grands poètes, Milton, Shakspeare, Pope, Chatterton. On sait que ce dernier, mourant de misère, s'empoisonna, et je pensais que l'argent employé à lui rendre cet honneur posthume aurait suffi, de son vivant, pour lui procurer une douce existence.

L'église de Saint-Paul est aussi fort belle. C'est une imitation de la coupole de Saint-Pierre de Rome.

Je vis, à la Tour de Londres, une collection très curieuse d'armures de différens siècles. Il s'y trouve aussi une suite de figures de rois à cheval, parmi lesquels on remarque Elisabeth, montée sur son coursier, et prête à passer la revue de ses troupes.

Le musée de Londres possède une collection de minéraux, d'oiseaux, d'armes et d'ustensiles de sauvages de la mer du Sud, que l'on doit au célèbre capitaine Cook.

Les rues de Londres sont belles et propres. De larges trottoirs les rendent très commodes pour les piétons, aussi est-on surpris de s'y trouver parfois témoin de scènes que la civilisation semblerait devoir proscrire : il n'est pas rare d'y voir des *boxeurs* se battre et se blesser jusqu'au sang. Loin que cette vue paraisse répugner à ceux qui les entourent, on leur donne un verre de genièvre pour les stimuler. C'est vraiment un spectacle affreux : on se croirait à un temps de barbarie et d'extermination.

Les dimanches à Londres sont aussi tristes que le climat. Aucune boutique n'est ouverte, point de spectacles, de bals, de concerts. Un silence général règne partout ; et comme ce jour-là, nul ne peut travailler, pas même faire de la musique, sans courir le risque de voir ses vitres cassées par le peuple, on n'a d'autre ressource, pour passer son temps, que les promenades, qui sont alors très fréquentées.

Les grands plaisirs de la ville sont des rassemblemens de bonne compagnie que l'on appelle des *routs*. Deux ou trois cents personnes se promènent dans les salons en long et en large, les femmes se donnant le bras entre elles ; car les hommes se tiennent presque toujours à part. Dans cette foule on est pressé, heurté continuellement, au point que cela devient une grande fatigue, et pourtant rien pour s'asseoir. A l'un de ces *routs*, où je me trouvais, un Anglais que j'avais connu en Italie m'aperçut; il vint à moi, et me dit, au milieu du profond silence qui règne toujours dans ces assemblées: « N'est-ce pas que ces réunions sont amusantes? — Vous vous amusez comme nous nous ennuierions, » lui répondis-je. Je ne voyais pas, en effet, quel plaisir on pouvait trouver à s'étouffer ainsi dans une foule qui est telle qu'on ne peut approcher la maîtresse de la maison.

Les promenades à Londres ne sont pas plus gaies, les femmes se promènent ensemble d'un côté, toutes vêtues de blanc; leur silence, leur calme parfait, ferait croire que ce sont des ombres qui marchent; les hommes se tiennent séparés d'elles et gardent le même sérieux. J'ai quelquefois rencontré des tête-à-tête (la femme donnant le bras à l'homme); quand il m'arrivait de marcher quelque temps près de ces deux personnes, je m'amusais à voir si elles se diraient un mot : je n'en ai jamais vues rompre le silence.

Le premier artiste à qui j'allai faire visite à Londres fut M. West, peintre d'histoire très renommé; je vis chez lui plusieurs ouvrages qu'il n'avait pas encore terminés, mais dont la composition me parut fort belle.

J'allai de même chez les principaux artistes, et je fus extrêmement surprise de voir chez tous, dans une grande salle, une quantité de portraits dont la tête seule était finie. Je leur demandai pourquoi ils mettaient ainsi ces portraits en exhibition avant qu'ils fussent terminés; tous me répondirent que les personnes qui avaient posé se contentaient d'être vues et nommées; que d'ailleurs, l'ébauche faite, on payait d'avance la moitié du prix, en sorte que le peintre était satisfait.

Je vis à Londres beaucoup de tableaux du fameux Reynolds; ils sont d'une excellente couleur qui rappelle celle du Titien, mais en général peu finis, à l'exception des têtes; j'admirai de lui cependant un *Samuel enfant*, qui m'a charmée sous le rapport du fini comme sous le rapport de la couleur. Reynolds était aussi modeste qu'habile : quand mon portrait de M. de Calonne arriva à la douane, en ayant été prévenu, il alla le voir, et voici ce que j'ai su par des personnes qui l'ont entendu. Lorsque la caisse fut ouverte, il regarda long-temps le tableau et en fit l'éloge, sur quoi un gobe-mouche qui répétait les sots propos de la calomnie, se mit à dire : « Ce portrait doit être beau, car il a été payé à madame Lebrun quatre-vingt mille francs. — Eh bien, répondit Reynolds, on m'en donnerait cent mille, que je ne pourrais le faire aussi bien. »

Le climat de Londres le désespérait, tant il est défavorable pour sécher la peinture, et il avait imaginé de mêler de la cire à ses couleurs, ce qui les ternissait ; effectivement l'humidité était telle à Londres que, pour faire sécher les portraits que j'y faisais, je prenais le parti de laisser constamment du feu dans mon atelier jusqu'au moment de me coucher; je plaçais mes tableaux à certaine distance de la cheminée, et très souvent je quittais les routs, afin d'aller voir s'il fallait les rapprocher ou les éloigner du feu. Cette sujétion était indispensable.

Je suis allée à Londres dans l'atelier d'un fameux sculpteur; son nom ne me revient plus, quoique je me rappelle fort bien avoir vu chez lui un groupe, de grandeur naturelle, très intéressant : il représentait une femme mourante dans son lit, sitôt après être accouchée; elle tenait une de ses mains posée sur son enfant qui était près d'elle, tandis qu'au pied de son lit, placée entre les rideaux, la Religion lui montrait le ciel. Ce groupe était fort beau et rempli d'intérêt.

Lorsque en Angleterre on va chez un peintre voir ses tableaux, il est d'usage que l'on paie une certaine somme avant d'entrer dans l'atelier, et d'ordinaire c'est le peintre qui touche en définitive l'argent que les étrangers donnent à ses domestiques; quoique je fusse instruite de cette coutume, je ne voulus pas y participer: mon domestique seul en profita; ce garçon me confiait ses économies, et je finis par avoir à lui dans mon secrétaire soixante guinées qu'il avait reçues des personnes qui sont venues voir mes tableaux; le célèbre Fox entre autres y vint plusieurs fois et paya chaque fois le prix d'usage; j'eus beaucoup de regret de ne m'être jamais trouvée chez moi pour le recevoir, car j'avais le plus grand désir de voir ce grand politique. Je fus plus heureuse avec madame Siddons dont je ne perdis point la visite; j'avais vu cette célèbre actrice pour la première fois dans *le Joueur*, et je pus lui exprimer avec quel bonheur je l'avais applaudie. Je ne crois pas qu'il soit possible de posséder, pour le théâtre, plus de talent que n'en avait madame Siddons; tous les Anglais étaient d'accord pour louer le naturel et la perfection de sa manière de dire; le son de sa voix était enchanteur; celui de mademoiselle Mars me l'a seul rappelé, et (ce qui constitue, selon moi, la grande comédienne) son silence même était admirable d'expression.

Heureusement ce ne fut pas le jour où je

reçus madame Siddons qu'il m'arriva d'avoir une de ces distractions auxquelles je suis assez sujette et qui peuvent prêter à rire ; voici le fait : je ne recevais que le dimanche matin les personnes qui désiraient voir mes tableaux ; les autres jours j'étais constamment à peindre dans mon atelier, en toilette fort peu soignée ; mais deux dames anglaises, qui partaient dans la semaine, m'ayant beaucoup pressée de les recevoir avant leur départ, je leur fixai le jeudi ; ce jour arrivé, en les attendant, je me mis à peindre ; ma bonne Adélaïde, qui me connaissait bien, sachant que j'attendais des femmes dont la toilette était fort recherchée, entre, et me dit qu'il ne fallait point qu'on me trouvât dans ma robe de peinture, tachée par les couleurs, et mon bonnet de nuit sur la tête. J'en convins. En conséquence, je mis sous mon sarrau une charmante robe blanche, et ma bonne Adélaïde fit apporter près de moi ma jolie perruque coiffée à l'antique comme on les portait alors, me recommandant bien, sitôt que j'entendrais frapper à la porte de la rue, d'ôter mon bonnet, mon sarrau, et de mettre ma perruque. Toute occupée de mon travail je n'entends point frapper; mais j'entends ces dames qui montaient l'escalier; vite je prends ma perruque, je m'en coiffe par dessus mon bonnet de nuit; et j'oublie tout-à-fait d'ôter ma robe de peinture. Je vis bien que ces Anglaises me regardaient d'une manière étrange, sans que je pusse imaginer pourquoi; enfin, après leur départ, Adélaïde revint, et me voyant ainsi, me dit d'un ton grondeur : « Voyez, regardez-vous dans la glace; » je m'aperçus alors que la dentelle de mon bonnet passait sous ma perruque, et que j'avais gardé ma blouse; Adélaide était furieuse et elle avait raison, car ces dames ont dû me prendre pour une folle, au point que je ne serais pas fâchée que cet article leur tombât sous les yeux.

Quoique mon appartement dans Madox-Street eût l'inconvénient d'être humide, il était beau et très convenable pour recevoir, en sorte que j'y donnai plusieurs grandes soirées, une entre autres fort brillante, où les deux premières cantatrices de l'Opéra de Londres, madame

Billington et la belle madame Grassini, chantèrent ensemble deux duos avec une rare perfection; Viotti joua du violon, et son talent si noble et si beau ravit tout le monde; aussi le prince de Galles (1) qui assistait à ce concert me dit-il gracieusement: « Je voltige dans toutes les soirées, mais ici, je reste. »

Je présentai madame Grassini à toutes les grandes dames que j'avais invitées; car on la recherchait beaucoup à Londres, ce qui était bien naturel, attendu qu'elle joignait à sa beauté et à son talent si remarquables une extrême amabilité; sa voix était une de ces voix basses, appelées contralto, qui sont fort rares et fort estimées en Italie, tandis que madame Billington avait un soprano; mais toutes deux se plaisaient quelquefois à empiéter sur le domaine de sa rivale, ce qui, selon moi, n'était avantageux ni à l'une ni à l'autre. Je me souviens qu'un jour j'étais à la représentation d'un opéra dans lequel madame Grassini et madame Billington

(1) Depuis Georges IV.

chantaient ensemble, et la première venait de donner quelques notes fort élevées, lorsque le directeur vint dans ma loge et me dit d'un air furieux : « Vous voyez ce qui vient d'arriver; eh bien! quand je vais le matin chez ces dames, je trouve madame Billington qui répète ses rôles dans le bas, et madame Grassini dans le haut; voilà ce qui me désespère. »

Les concerts étaient fort à la mode à Londres, et je les préférais de beaucoup aux simples *routs*, quoique ceux-ci offrent à une étrangère, quand elle est bien accueillie des Anglaises, ce qui par bonheur m'arrivait, l'occasion de connaître toute la haute société. Les invitations ne se font point par lettre comme en France; on envoie simplement une carte sur laquelle on écrit : *Je serai chez moi tel jour.*

Lady Hertford, qui était une très belle femme, donnait de superbes *routs*. J'y rencontrai souvent lady Monck, fort jolie femme, ainsi que ses deux filles, lord Borington, aimant extrêmement les arts, et dont la conversation me plaisait beaucoup, et une foule d'autres personnes qui me composèrent bientôt une société, quoi qu'on en dise de la retenue anglaise.

La femme de Londres la plus à la mode à cette époque était la duchesse de Devonshire. J'avais souvent entendu parler de sa beauté et de son caractère influent en politique, et lorsque j'allai lui faire visite, elle me reçut de la manière la plus aimable. Elle pouvait alors avoir quarante-cinq ans. Ses traits étaient fort réguliers; mais je ne fus pas frappée de sa beauté. Elle avait le teint trop animé, et son malheur voulait qu'elle eût un œil dont elle ne voyait plus. Comme à cette époque on portait les cheveux sur le front, elle cachait cet œil sous une masse de boucles, ce qui ne parvenait point à dissimuler une défectuosité aussi grave. La duchesse de Devonshire était assez grande, d'un embonpoint qui, à l'âge qu'elle avait, réussit fort bien, et ses manières faciles étaient extrêmement gracieuses.

Je suis retournée chez elle à un grand rout pour un concert public. Il faut savoir que les grandes dames anglaises prêtent parfois leurs salons pour des réunions de ce genre, se réservant une ou deux pièces, afin de pouvoir inviter les personnes de leur connaissance. Je fus de ce nombre, et dans un moment où je me trouvais assise à côté de la duchesse, elle me fit remarquer un homme placé fort loin de nous, mais en face, et me dit : « N'est-ce pas, qu'il a l'air remarquablement spirituel et distingué? » Il est vrai que des traits prononcés et un grand front dégarni de cheveux lui donnaient beaucoup de physionomie. C'était sir Francis Burdett dont elle protégeait l'élection et qui fut en effet nommé député. Je n'ai pas oublié la frayeur que me causa son triomphe, lorsque, me trouvant dans la rue, je vis passer en fiacre une grande quantité d'hommes du peuple, les uns dans la voiture, les autres sur l'impériale, et tous criant à tue-tête : *Sir Francis Burdett! sir Francis Burdett!* La plupart de ces gens étaient ivres-morts; ils jetaient des pierres dans les vitres. Une jeune femme, qui était grosse, en fut tellement effrayée qu'elle accoucha de peur, et l'on m'a même dit qu'elle en était morte. Quant à moi, ignorant le motif d'un pareil vacarme, j'étais saisie de terreur, croyant qu'une révolution commençait en Angleterre. Je rentrai vite chez moi toute tremblante, et je fus très heureuse que le prince Bariatinski, qui habitait Londres depuis longtemps, se doutant de ma frayeur, vînt pour me rassurer. Il me dit que les choses se passaient ainsi quand il s'agissait d'une élection importante, et que ce train serait fini le lendemain. Le lendemain en effet le calme était rétabli.

La duchesse de Devonshire avait de même appuyé de tout son crédit l'élection de Fox au parlement, et elle avait réussi à le faire nommer député dans un temps où cela paraissait très difficile. Ne me mêlant jamais de politique, je ne concevais pas trop comment cette grande dame, qui me semblait être à la tête du parti populaire, était de la société du prince de Galles. Le fait est qu'ils étaient fort liés, au point qu'elle se permettait de lui faire des leçons. Me trouvant un soir avec tous les deux, dans un rout, je reprochai au prince de Galles de m'avoir fait attendre inutilement pour une séance; la duchesse parut très contente de ma franchise, disant : « Vous avez raison, les princes ne doivent jamais manquer à leur parole. »

J'appris en France, en 1808, la mort de la duchesse de Devonshire, qui a laissé trois enfans : un fils, le duc de Devonshire actuel; et deux filles, dont l'une a épousé lord Granville qui est maintenant ambassadeur d'Angleterre en France, et l'autre, lord Morpot.

CHAPITRE VIII.

Le prince de Galles. — Je fais son portrait. — Madame Fitz-Herbert. — Ma lettre à un peintre anglais. — M. le comte d'Artois. — La comtesse de Polastron. — Le duc de Berri.

Peu de temps après mon arrivée à Londres, le traité d'Amiens avait été rompu, et tous les Français qui ne résidaient point en Angleterre depuis plus d'une année, furent obligés de partir aussitôt. Le prince de Galles, auquel je fus présentée, m'assura que je ne devais pas être comprise dans cet arrêté, qu'il s'y opposait, et qu'il allait demander tout de suite au roi son père une permission pour moi. Cette permission me fut accordée avec tous les détails nécessaires, mentionnant *que je pouvais voyager dans tout l'intérieur du royaume, séjourner où bon me semblerait, et que de plus je devais être protégée dans les ports de mer où il me plairait de m'arrêter*, faveur que les Français établis en Angleterre depuis nombre d'années avaient peine à obtenir à cette époque. Le prince de Galles mit le comble à son obligeance en m'apportant ce papier lui-même.

Le prince de Galles pouvait alors avoir quarante ans, mais il paraissait plus âgé, attendu qu'il avait déjà pris trop d'embonpoint. Grand et bien fait, il avait un beau visage; tous ses traits étaient nobles et réguliers. Il portait une perruque arrangée avec beaucoup d'art, dont les cheveux étaient séparés sur le devant, comme le sont ceux de l'Apollon, ce qui lui allait à merveille. Il se montrait très habile dans tous les exercices du corps, et parlait le français très bien, avec la plus grande facilité. Il était d'une élégance recherchée, d'une magnificence qui allait jusqu'à la prodigalité; car il eut un moment, dit-on, pour trois cent mille louis de dettes, que son père et le parlement finirent par payer.

Comme il fut long-temps un des plus beaux hommes des trois royaumes, il se vit l'idole des femmes. Sa première maîtresse fut mistriss Robenson; puis, quelque temps après, il eut un engagement plus sérieux avec mistriss Fitz-Herbert, veuve, plus âgée que lui, mais d'une extrême beauté. Son amour fut si violent alors, qu'on craignit un moment qu'il ne voulût se marier avec cette femme, issue d'une des premières familles catholiques d'Irlande. Son inconstance naturelle le sauva de ce danger, et depuis, un grand nombre de femmes succédèrent à mistriss Fitz-Herbert.

Ce fut peu avant mon départ que je fis le portrait du prince de Galles. Je le peignis presque en pied, et en uniforme. Plusieurs peintres anglais étaient furieux contre moi, quand ils surent que j'avais commencé ce portrait, et que le prince me donnait tout le temps nécessaire pour le terminer; car, depuis long-temps, ils attendaient inutilement cette faveur. Je sus que la reine-mère disait que son fils me faisait la cour, et qu'il venait souvent déjeuner chez moi. Elle répétait un mensonge; car jamais le prince de Galles n'est venu chez moi le matin que pour ses séances.

Dès que ce portrait fut terminé, le prince le donna à son ancienne amie, madame Fitz-Herbert. Celle-ci le fit placer dans un cadre roulant, comme sont les grands miroirs de toilette, afin de pouvoir le transporter dans toutes les chambres qu'elle occupait, ce que je trouvai très ingénieux.

L'humeur des peintres anglais contre moi ne se borna pas à des propos. Un M. M***, peintre de portrait, fit paraître un ouvrage dans lequel il dénigrait avec acharnement la peinture française en général, et la mienne en particulier. On m'en traduisit différentes parties, qui, mon petit amour-propre à part, me parurent si injustes et si ridicules, que je ne pus m'empêcher de prendre la défense des peintres célèbres dont

j'étais la compatriote, et j'écrivis à ce M. M***
la lettre suivante :

« Monsieur,

« J'apprends que dans votre ouvrage sur la peinture, vous parlez de l'école française. Comme, d'après ce qui m'est rapporté de vos observations, je présume que vous n'avez aucune idée de cette école, je crois devoir vous donner quelques renseignemens qui peuvent vous être utiles. Je pense d'abord que vous n'attaquez pas les grands peintres qui ont vécu sous le règne de Louis XIV, tel que Lebrun, Le Sueur, Savonet, etc.; et pour le portrait, Rigaut, Mignard et Largillière. Pour ce qui concerne notre temps, vous auriez le plus grand tort si vous jugiez l'école française sur ce qu'elle était il y a trente ans. Depuis cette époque, elle a fait d'immenses progrès dans un genre tout contraire à celui qui l'a fait dégénérer. Ce n'est pas cependant que l'homme qui la perdit alors ne fût point doué d'un très grand talent. Boucher était né coloriste, il avait du goût dans ses compositions, de la grâce dans le choix de ses figures; mais tout à coup, ne travaillant plus que pour les boudoirs, son coloris devint fade, sa grâce de la manière, et l'impulsion une fois donnée, tous les artistes voulurent l'imiter. On exagéra ses défauts, ainsi qu'il arrive toujours; on fit de pire en pire, et l'art semblait éteint sans retour. Alors il vint un homme habile, nommé *Vien*, qui parut avec un style simple et sévère. Il fut admiré des vrais connaisseurs, et remonta notre école. Depuis, elle a produit David, le jeune peintre Drouai, mort à Rome à l'âge de vingt-cinq ans, alors qu'il allait peut-être nous sembler l'ombre de Raphaël, Gérard, Gros, Girodet, Guérin, et tant d'autres que je pourrais citer.

« Il n'est pas surprenant qu'après avoir critiqué les ouvrages de David qu'évidemment vous ne connaissez point, vous me fassiez l'honneur de critiquer les miens, que vous ne connaissez pas davantage. Ne sachant pas l'anglais, je n'avais pu lire ce que vous avez écrit sur ma peinture, et lorsqu'on m'apprit, sans me donner de détails, que vous m'aviez fort maltraitée, je répondis que vous auriez beau dénigrer mes tableaux, tout le mal que vous pourriez en dire serait inférieur à celui que j'en pense. Je ne crois pas qu'aucun artiste se flatte d'avoir atteint la perfection; et bien loin d'avoir cette présomption, pour mon compte, il ne m'est jamais arrivé d'être tout-à-fait contente d'un ouvrage de moi. Néanmoins, mieux instruite aujourd'hui, et sachant que votre critique porte principalement sur un point qui me semble important, je crois devoir la repousser dans l'intérêt de l'art.

« *La patience, seul mérite dont vous me croyez capable*, n'est malheureusement pas une vertu de mon caractère. Seulement, il est vrai de dire que je quitte difficilement mes ouvrages. Je ne les crois jamais assez finis, et, dans la crainte de les laisser trop imparfaits, ma nature me commande long-temps d'y réfléchir, et d'y retoucher encore.

« Il paraît que mes dentelles vous ont choqué, quoique je n'en fasse plus depuis quinze ans. Je préfère infiniment les shalls, dont vous feriez bien de vous servir aussi, Monsieur. Croyez-moi, les shalls sont une bonne fortune pour les peintres, et si vous en aviez fait usage, vous auriez acquis le bon goût des draperies que vous ne possédez pas assez.

« Quant à ces étoffes, à ces coussins *parlans*, à ces velours qui se voient *dans ma boutique*, mon avis est que l'on doit soigner tous ces accessoires autant que la chose est possible, sans nuire aux têtes. Sur ce point, j'ai pour autorité Raphaël, qui n'a jamais rien négligé dans ce genre, qui voulait que tout fût expliqué, rendu (termes de l'art), jusqu'aux fleurettes des gazons. Je puis vous donner encore pour exemple la sculpture antique, où l'on ne trouve pas le moindre accessoire négligé : les draperies shalls qui caressent si bien le nu, et dont les seuls fragmens détachés se vendent encore aujourd'hui aux vrais amateurs, les ornemens des cuirasses, les brodequins, tout cela est d'un fini parfait.

« Maintenant, Monsieur, permettez-moi de

vous dire que le mot *boutique*, dont vous vous servez en parlant de mon atelier, est peu digne du langage d'un artiste. Je fais voir mes tableaux sans que l'on soit obligé de payer à ma porte. J'ai même, pour me soustraire à cet usage, donné un jour par semaine où je reçois les personnes connues, et celles qu'il leur plaît de me présenter; je puis donc vous faire observer que le mot boutique est impropre et que la sévérité ne dispense jamais un homme de politesse.

« J'ai l'honneur d'être, etc. »

Cette lettre, que je lus à quelques amis, ne resta pas un mystère pour la société de Londres, et les rieurs ne furent pas pour M. M***, qui, rancune à part, ne savait pas faire une draperie.

Je retrouvais en Angleterre une grande quantité de mes compatriotes, que je connaissais depuis long-temps. Le comte de Ménard, le baron de Roll, le duc de Sérant, le duc de Rivière, et une foule d'autres émigrés français, que j'invitais à mes soirées. J'eus le bonheur aussi de rencontrer M. le comte d'Artois. Je me trouvais avec lui dans une réunion chez lady Parceval, qui recevait beaucoup d'émigrés. Il avait pris de l'embonpoint, et me parut vraiment très beau. Peu de temps après, il me fit l'honneur de venir voir mon atelier; j'étais dehors, et ne revins qu'au moment où il sortait de chez moi; mais il eut la bonté de rentrer pour me faire compliment du portrait du prince de Galles dont il paraissait fort satisfait.

M. le comte d'Artois n'allait point dans le monde. N'ayant qu'un revenu très modique, il faisait des économies qu'il employait à secourir les Français les plus malheureux, et la bonté de son cœur le portait à sacrifier tous les plaisirs à sa bienfaisance. J'en acquis moi-même la preuve par un fait que j'aime à rapporter. Une jeune personne fort intéressante, nommée mademoiselle Mérel, qui jouait parfaitement bien de la harpe, était venue à Londres dans l'espoir d'y vivre de son talent. Elle annnoça un concert. Je m'empressai de prendre des billets et d'en placer autant qu'il m'était possible de le faire; mais, en dépit de tous mes efforts, il se trouva si peu de monde dans la salle qu'on y gelait, au point que je fus obligée de sortir avant la fin du concert. Je racontai la chose au comte de Vaudreuil, et je ne sais par quel hasard il en parla le jour même à son prince. « Est-elle Française ? » demanda M. le comte d'Artois. Sur la réponse affirmative il chargea aussitôt M. de Vaudreuil de faire parvenir dix guinées à la jeune artiste.

M. le comte d'Artois ne quittait pas son ancienne amie, la comtesse de Polastron, qui était toujours souffrante et ne pouvait sortir. La sollicitude du prince pour elle allait au point qu'il devinait ce dont elle avait besoin dans tous les momens, et lui tenait lieu de garde assidue. Outre ses douleurs physiques, madame de Polastron avait eu le malheur de perdre son fils unique, jeune homme très intéressant, qui mourut de la fièvre jaune à Gibraltar. Elle mourut enfin elle-même, et M. le comte d'Artois en resta inconsolable.

Le fils de ce prince, M. le duc de Berri, venait me voir souvent le matin. Il arrivait quelquefois, portant sous son bras de petits tableaux, qu'il venait d'acheter à très bas prix. Ce qui prouve combien il se connaissait en peinture, c'est que ces petits tableaux étaient de superbes Wouwermans; mais il fallait un tact très fin pour apprécier leur mérite sous la saleté qui les couvrait. J'ai revu depuis ces tableaux chez lui, au palais de l'Élysée Bourbon.

Le duc de Berri avait aussi la passion de la musique. Son esprit était juste et plein de finesse, son caractère fort vif, mais son cœur excellent; je pourrai citer plus tard quelques traits, entre mille, de sa bonté envers ses inférieurs, bonté qui l'a toujours fait chérir de tous ceux qui l'entouraient.

J'étais au spectacle à Londres, quand on apprit l'assassinat du duc d'Enghien. A peine cette nouvelle se fut-elle répandue dans la salle, que toutes les femmes qui remplissaient les loges, tournèrent le dos au théâtre, et la pièce n'aurait pas fini, si quelques instans après on n'était point venu dire que la nouvelle était fausse. Chacun alors reprit sa place, et le spectacle se termina; mais à la sortie, tout, hélas! nous fut confirmé. Nous apprîmes même plusieurs détails de ce crime atroce, qui laissera toujours une horrible tache de sang sur la vie de Bonaparte (1).

Le lendemain, nous allâmes à la messe funèbre qui fut célébrée pour cette noble victime. Tous les Français, nos princes compris, et un grand nobre de dames anglaises, y assistèrent. L'abbé de Bouvant prononça un sermon extrêmement touchant sur le sort de l'infortuné duc d'Enghien. Ce sermon finissait par une invocation au Tout-Puissant pour qu'une même destinée n'attendît pas nos chers princes. Hélas! ce vœu n'a point été exaucé, puisque nous avons vu le duc de Berri tomber sous le poignard d'un infame assassin.

Je fus quelque temps après la mort du duc d'Enghien sans revoir son malheureux père, le duc de Bourbon, et quand, au bout d'un mois

(1) Je puis témoigner de l'effet que produisit cet assassinat sur tous les Anglais; l'horreur qu'il inspira fut générale.

environ, il vint chez moi, le chagrin l'avait tellement changé qu'il me fit un mal affreux. Il entra sans me parler, s'assit, et mettant ses deux mains sur son visage, qui était inondé de larmes : « Non, je ne m'en consolerai jamais ! » me dit-il. Il me serait impossible de rendre la peine que ce peu de mots me fit éprouver.

CHAPITRE IX.

La famille Chinnery. — Viotti. — Windsor. — Hamptoncourt. — Herschell. — Bains. — La duchesse Dorset. — Madame de Vaudreuil. — M. le duc d'Orléans. — M. le duc de Montpensier. — La margrave d'Anspach. — Stowe. — Warwick.

Quoique le bon accueil qu'on voulait bien me faire m'ait engagée à rester près de trois ans à Londres, quand je ne comptais d'abord y passer que trois mois, le climat de cette ville me semblait fort triste. Il était même contraire à ma santé, et je saisissais toutes les occasions d'aller respirer dans les belles campagnes de l'Angleterre, où du moins je voyais le soleil. Très peu de temps après mon arrivée je débutai par aller passer quinze jours chez madame Chinnery à *Gillwell*, où se trouvait le célèbre Viotti. La maison était de la plus grande élégance, et l'on m'y fit une réception charmante. Lorsque j'arrivai, je vis la porte d'entrée ornée de guirlandes de fleurs entrelacées dans les colonnes. Sur l'escalier, qui était garni de même, de petits Amours en marbre, placés de distance en distance, portaient des vases remplis de roses; enfin c'était une féerie printanière. Sitôt que je fus entrée dans le salon, deux petits anges, le fils et la fille de madame Chinnery, me chantèrent un morceau de musique charmant, que cet aimable Viotti avait composé pour moi. Je fus vraiment touchée de cet accueil affectueux; aussi les quinze jours que j'ai passés à Gillwell ont-ils été pour moi des jours de joie et de bonheur. Madame de Chinnery était une très belle femme, dont l'esprit avait beaucoup de finesse et de charme. Sa fille, âgée alors de quatorze ans, était surprenante par son talent sur le piano, en sorte que tous les soirs cette jeune personne, Viotti, et madame Chinnery, qui était très bonne musicienne, nous donnaient des concerts charmans.

Je me souviens que le fils de madame Chinnery, quoiqu'il ne fût encore qu'un enfant, avait une véritable passion pour l'étude. On ne pouvait lui faire quitter ses livres. Quand, aux heures de récréation, je lui disais : « Allez donc jouer avec votre sœur. — Je joue, répondait-il, » et il continuait sa lecture. Aussi, à l'âge de dix-huit ans, ce jeune homme avait-il déjà acquis tant de considération qu'à la restauration il fut chargé de revoir tous les comptes des dépenses occasionées par le séjour de l'armée anglaise en France.

Je ne tardai pas à visiter les environs de Londres, et ces courses employèrent tout le temps que je pouvais donner à mes plaisirs.

A Windsor, où le roi faisait sa résidence, je n'admirai que le parc, qui est fort beau. Le roi se plaisait souvent à se promener avec ses deux filles sur une magnifique terrase d'où l'on découvre une vue superbe et très étendue.

Hamptancourt est un autre château royal où j'ai vu des vitraux superbes; ils sont extrêmement anciens, et me parurent supérieurs à tous ceux que j'avais vus jusqu'alors. J'y trouvai aussi de fort beaux tableaux, et de grands cartons, dessinés par Raphaël, que je ne pouvais trop admirer; ces cartons étaient posés par terre, en sorte que je me tins à genoux devant eux si long-temps que le gardien s'en montrait surpris. On me fit voir aussi, dans les galeries, des armures qui remontent aux temps les plus reculés, puis, dans les jardins, de magnifiques rosiers jaunes, enfin une vigne énorme, enfermée dans une serre, et qui, je ne sais quelle année, a produit quinze cents livres de raisin.

J'allai avec le prince Bariatinsky et plusieurs autres Russes faire une visite au docteur Herschell. Ce célèbre astronome vivait fort retiré à quelque distance de Londres. Sa sœur, qui ne le quittait jamais, l'aidait dans ses recherches astronomiques, et tous deux étaient dignes l'un de l'autre, autant par leur savoir que par leur noble simplicité. Nous trouvâmes près de l'escalier un télescope d'une si grande dimension que l'on pouvait se promener dans l'intérieur.

Le docteur nous reçut avec la cordialité la plus obligeante; il eut la complaisance de nous faire voir le soleil dans un verre brun, en nous faisant remarquer les deux taches qu'on y découvre, dont l'une est assez étendue; puis, le soir, il nous montra la planète qu'il a découverte et qui porte son nom; nous vîmes aussi chez lui une grande carte de la lune, très détaillée, où sont représentés des montagnes, des ravins, des rivières, qui rendent cette planète semblable au globe que nous habitons; enfin, tout le temps de notre visite se passa sans un moment d'ennui, et mes compagnons russes, Adélaïde et moi, nous fûmes charmés de l'avoir faite.

On ne saurait parler des environs de Londres sans se rappeler plusieurs beaux lieux où les Anglais vont prendre les bains.

Mat-Lock, par exemple, offre tout-à-fait

l'aspect d'un paysage suisse. La promenade est bordée d'un côté par des rochers du plus bel effet, couverts d'arbustes colorés; de l'autre, des prairies magnifiques : cette végétation de l'Angleterre, qui est vraiment admirable, tout présente un coup d'œil ravissant aux amateurs d'une belle nature. Je me souviens d'avoir suivi les bords d'un ruisseau si joli, si limpide, que je ne pouvais le quitter.

Tumbridge-Well, où l'on prend aussi des bains, est de même un endroit fort pittoresque. Il est vrai que si l'on se délecte le matin en parcourant ses beaux environs, le soir on s'ennuie beaucoup dans les assemblées qui sont très nombreuses; on se réunissait pour les repas, et après le souper, comme après le dîner, tout le monde se levait pour chanter le *God save the King*, prière pour le roi, qui me touchait jusqu'aux larmes par le triste rapprochement qu'elle me faisait faire entre l'Angleterre et la France.

Brigton était plus renommé pour ses eaux que *Tumbridge-Well* et *Mat-Lock*. Brigton, où le prince de Galles avait alors fixé sa résidence, est une assez jolie ville située en face de Dieppe, et de laquelle on peut voir les côtes de France. A l'époque où je m'y trouvai, on craignait en Angleterre une descente des Français; les généraux ne cessaient de passer en revue la garde nationale, qui était continuellement en mouvement, battait le tambour, et faisait un bruit d'enfer. J'ai fait à Brigton des promenades délicieuses sur les bords de la mer; j'y fus témoin un jour d'un effet très extraordinaire; ce jour-là, le brouillard était si épais que les vaisseaux éloignés de la côte nous paraissaient suspendus en l'air.

Je voulus aussi visiter la ville de Bath; on me l'avait vantée comme celle de l'Angleterre où l'on s'amuse le plus, et je retrouve une lettre que j'écrivis à mon frère à mon retour de cette course.

Londres, ce 12 février 1803.

« Il y a quelques semaines, mon bien bon

« ami, que je dois te répondre; ne m'en veux « point, je t'en prie, car je ne puis te dire com-« bien j'écris peu, tant les jours sont courts; les « soirées, en revanche, sont bien d'une lon-« gueur assommante, et si d'écrire aux bougies « me fatiguait moins les yeux, je t'aurais en-« voyé des volumes.

« Je vois que tu es inquiet de la manière dont « je supporte les brouillards et l'odeur du char-« bon de terre; quant à ce dernier j'y suis tout-« à-fait accoutumée, au point que je ne le sens « plus; je préfère même à présent ce feu au « nôtre; pour ce qui est de l'air épais et lourd « qui m'enveloppe, je ne pourrai jamais m'y « faire; d'abord on n'y voit pas, et tu ne saurais « imaginer combien cette teinte sombre, noire, « obstrue les idées; ce crêpe sale me ternit l'ima-« gination, et je trouve bien naturel que le « spleen soit né ici. On m'assure pourtant que « cette année est rare, qu'elle est une des « plus claires, des plus belles que l'on ait vues « depuis long-temps, ce qui me fait juger de ce « qu'étaient les autres! A la vérité, l'air est bien

« plus pur dans les campagnes situées à cinq ou « six milles de Londres; c'est un tout autre cli- « mat, que je vais chercher le plus souvent « possible.

« Je reviens de Bath, où je t'ai souvent désiré; « c'est une superbe ville, dont l'aspect est noble « et pittoresque; en arrivant à un mille en deçà « de ses murs, on aperçoit, des deux côtés de « la route, des montagnes très élevées; à gauche « s'étend Bath, et l'on voit se détacher sur le « ciel de grandes lignes de maisons, des palais, « des cirques grandioses, tous bâtis sur le plus « haut des monts. Le coup d'œil est vraiment « magique, théâtral; je croyais rêver, et j'ai « pensé à Ménageot; il aurait beaucoup joui de « ce spectacle; car, bien que l'architecture de « ces monumens ne soit pas de bon goût, de « loin, l'effet est immense.

« Le seul inconvénient que présente une ville « bâtie de cette manière, c'est qu'on n'y peut « faire un pas sans monter ou descendre; mais « il faut bien payer un peu le plaisir des yeux. « Dans le bas de la ville, les places, les rues sont

« du plus grand genre, et de chaque coin de ces « rues on découvre des sites superbes; enfin, « pour te rendre la sensation que la vue de Bath « m'a fait éprouver, je te dirai que je croyais « être dans une ville des anciens Romains; c'est « bien certainement la plus belle du royaume, « je l'aime d'autant plus que c'est une cité bâtie « à la campagne; aussi l'air qu'on y respire « est-il parfumé.

« Bath est chaque année le rendez-vous des « coryphées *fashionables*, ou, si tu le préfères « en bon français, des élégans des deux sexes. « On y prend des bains chauds naturels, mais « surtout on y donne des bals, des concerts « et des *routs*, dont la plupart ont lieu dans les « salles publiques; on se réunit là cinq ou six « cents personnes, et d'ordinaire on s'y étouffe, « ou bien la salle est presque déserte; il n'existe « pas dans le grand monde d'intermédiaire, en « cela comme en beaucoup d'autres choses. « Dans un de ces concerts, j'ai entendu madame « Krumoltz, qui joua de la harpe parfaitement; « quoiqu'elle soit petite et qu'elle ait l'air fort

« délicat, son jeu a tout autant de force que « d'expression ; après le concert on soupa dans « une très grande salle à manger dont les longues « tables, assez étroites, ressemblaient à celles « d'un réfectoire ; j'étais avec madame de Beau- « repaire, et nous prîmes place à côté de très « vieilles et très laides Anglaises ; je présumai « avec raison qu'elles étaient du nombre de « celles qui ne quittent point leur province où « elles conservent la morgue gothique ; car les « grandes dames de Londres et les Anglaises qui « ont voyagé sont aimables et polies, tandis que « nos voisines, dès que nous fûmes assises, nous « tournèrent le dos avec un certain air de mé- « pris. Nous étions résignées à supporter le dé- « dain de ces vieilles femmes, quand un Anglais « de leur connaissance s'approcha d'elles, et « leur dit quelques mots à l'oreille qui les en- « gagèrent aussitôt à se retourner et à nous « témoigner plus d'aménité.

« Je suis restée trois semaines à Bath. On « m'avait tant assuré que je m'y amuserais in- « finiment, que je m'attendais à retrouver là les

« délices de Capoue. Il s'en est bien fallu vrai-« ment : ces délices se sont réduites au plaisir « que j'avais de passer ma matinée à grimper « sur les montagnes, encore n'en ai-je joui que « bien rarement, attendu qu'il n'a presque pas « cessé de pleuvoir. Du reste, je me croyais en « automne plutôt qu'en hiver; point de neige, « point de froid, beaucoup d'arbres verts, ce « qui prolonge la belle saison, et nous donne « la douce illusion du beau temps.

« Écris-moi bientôt, et ne compte pas avec « moi; adieu, mon cher ami. »

Peu de temps avant d'aller à Bath, j'avais été passer quelques jours au château de Knowles, qui, après avoir appartenu autrefois à la reine Élisabeth, appartient aujourd'hui à la duchesse Dorset. C'est devant la porte d'entrée de ce château que j'ai vu deux gros ormes qu'on m'a dit avoir plus de mille ans, et qui pourtant verdoyaient encore, surtout vers leur sommet. Le parc, dont l'extrémité touche à une forêt, est extrêmement pittoresque.

Le château renferme de fort beaux tableaux; les meubles sont encore les mêmes qu'au temps d'Élisabeth. Dans la chambre à coucher de la duchesse, les rideaux du lit sont tout parsemés d'étoiles d'or et d'argent, et la toilette est d'argent massif.

La duchesse Dorset, qui était fort riche, avait épousé le chevalier de Wilfort, que j'avais connu ambassadeur d'Angleterre à Pétersbourg. Celui-ci ne possédait aucune fortune; mais il était fort bel homme, il avait surtout l'air noble et distingué. La première fois que nous nous réunîmes tous pour dîner, la duchesse me dit: « Vous allez bien vous ennuyer; car nous ne parlons pas à table. » Je la rassurai sur ce point en lui disant que telle était aussi mon habitude, ayant presque toujours mangé seule depuis bien des années. Il faut croire qu'elle tenait prodigieusement à cet usage; car, au dessert, son fils, âgé de onze ou douze ans, vint près d'elle, et à peine lui adressa-t-elle quelques mots: enfin, elle le congédia sans lui donner aucune marque de tendresse. Je ne pus alors m'empêcher de songer à ce qu'on rapporte des Anglaises ; qu'en général, leurs enfans devenus grands, elles s'en occupent fort peu, ce qui a fait dire qu'elles n'aiment que *leurs petits*.

J'avais revu à Londres l'aimable comte de Vaudreuil. Je le trouvais bien changé, bien maigri ; tout ce qu'il avait souffert pour la France l'avait accablé. Il s'était marié en Angleterre à sa nièce, que j'allai voir à *Tutlam* où elle s'était établie. Madame la comtesse de Vaudreuil était jeune et jolie. Elle avait de fort beaux yeux bleus, un visage charmant et de la plus grande fraîcheur. Elle m'engagea à venir passer quelques jours à Tutlam, ce que j'acceptai, et pendant le temps que je fus chez elle, je fis le portrait de ses deux fils.

M. le duc d'Orléans et ses deux frères habitaient fort près de là. Le comte de Vaudreuil me mena faire une visite au duc d'Orléans qu'il avait particulièrement distingué. Nous trouvâmes ce prince, qui faisait ses délices de l'étude, assis à une longue table couverte de gros livres dont un était ouvert devant lui.

Pendant notre visite, il me fit remarquer un tableau de paysage fait par son frère, le duc de Montpensier, avec lequel je fis aussi connaissance pendant mon séjour chez madame de Vaudreuil. Quant au plus jeune de ces princes, le duc de Beaujolais, je n'ai fait que le rencontrer dans une promenade; il m'a paru assez bien de visage, et d'une grande vivacité.

Le duc de Montpensier venait quelquefois me prendre, et nous allions dessiner ensemble. Il me conduisit sur la terrasse de Richemond d'où la vue est superbe: de cette hauteur, on domine une grande partie du cours de la rivière. Nous parcourûmes aussi la belle prairie où se trouve encore le tronc coupé de l'arbre sous lequel s'asseyait Milton. C'est là, m'a-t-on dit, qu'il composait son poëme du *Paradis perdu*. J'aurais bien voulu que l'on eût conservé cet arbre, seul témoin de si grandes pensées; mais il ne reste que la place. En tout, les environs de *Tutlam* étaient fort intéressans, le duc de Montpensier les connaissait à merveille et je me félicitais qu'il fût devenu mon *cicerone*, d'autant plus que ce jeune prince était extrêmement aimable et bon.

Je m'étais engagée à faire le portrait de la margrave d'Anspach, qui vint me prier de passer quelques jours chez elle, à la campagne, où je lui tiendrais ma promesse. Comme on m'avait dit que la margrave était une femme très bizarre, qui ne me laisserait pas tranquille un moment, qui me ferait réveiller tous les matins à cinq heures, et mille autres choses aussi insupportables, je n'acceptai son invitation qu'après avoir fait avec elle mes conditions. Je demandai d'abord une chambre où je n'entendisse aucun bruit, désirant dormir assez tard. Ensuite je la prévins que si nous faisions ensemble quelques courses, je ne partais jamais en voiture, et qu'en outre j'aimerais à me promener seule. L'excellente femme consentit à tout et me tint religieusement sa parole, au point que si, par hasard, je la rencontrais dans son parc où elle était souvent à labourer, ainsi qu'aurait fait un homme de peine, elle feignait de ne point me voir, et me laissait passer sans me dire une seule parole.

Soit que l'on eût calomnié la margrave d'Anspach, soit qu'elle eût la bonté de se contraindre pour moi, je me trouvai si bien pendant mon séjour chez elle, que lorsqu'elle m'invita à venir la voir dans une autre campagne qui lui appartenait aussi, et qui se nommait *Benheim*, je n'hésitai pas à m'y rendre. Là le parc et le château étaient beaucoup plus beaux qu'à *Armesmott*, et j'y passai le temps d'une manière fort agréable. Des soirées charmantes, spectacles, musique, rien n'y manquait, si bien qu'ayant promis d'y rester huit jours, j'y passai trois semaines.

Je fis aussi avec la margrave plusieurs courses en pleine mer. Nous allâmes une fois débarquer à l'île de *Whigt*, qui est élevée sur un rocher et rappelle la Suisse. Cette île est renommée pour les mœurs douces et paisibles de ses habitans. Ils vivent tous là, m'a-t-on dit, comme une seule famille, jouissant d'une paix et d'un bonheur parfaits. Il se peut que depuis, un grand nombre de régimens ayant fréquenté cette île, elle ne soit plus la même sous le rapport dont je parle; mais il est de fait qu'à l'époque où je l'ai visitée, tous ceux qui l'habitaient étaient bien vêtus, avaient l'air affable et bon, et ne paraissaient pas atteints par la contagion des grandes villes. Outre l'aménité que je remarquai dans la population, le paysage était si ravissant, que j'aurais voulu passer ma vie dans ce beau lieu : l'île de Whigt et l'île d'Ischia, près de Naples , ont pu seules me faire éprouver ce désir.

Ces promenades sur l'Océan me plaisaient beaucoup, et nous les renouvelâmes assez souvent. La margrave, un jour, fit arrêter son bâtiment en pleine mer et demanda des huîtres; mais elles étaient tellement salées qu'il me fut impossible d'en manger. Il faut sans doute, pour que les huîtres deviennent bonnes, qu'elles ne soient pas aussi nouvellement pêchées.

Ce que l'on peut faire de mieux à l'époque où Londres est déserte, c'est de courir les campagnes, qui sont vraiment superbes. En sorte que j'acceptais avec beaucoup de reconnaissance les invitations qui m'étaient faites. Et je prenais mon parti sur la monotonie de cette vie anglaise, qui ne pouvait être de mon goût après avoir habité si long-temps Paris et Pétersbourg. Je passai quelque temps à *Stowe*, chez la marquise de Buckingham. Le château était magnifique et rempli de tableaux des plus grands maîtres. Je me souviens surtout d'un grand portrait de Van-Dyck où je vois encore une main tellement belle et tellement en relief, qu'elle faisait illusion. Le parc de Stowe, orné d'un temple, de monumens, de fabriques de toute espèce, est de la plus grande beauté.

Le marquis et la marquise de Buckingham recevaient les Français avec infiniment de grâce et de bonté. Tous deux ont beaucoup secouru les émigrés distingués; j'en ai été instruite par le duc de Sérant, qui a séjourné long-temps chez eux, et qui était pénétré de reconnaissance pour ce noble couple (1).

(1) J'ai appris en France, à mon grand regret, que les dignes

J'allai aussi à la campagne de lord Moiras. Quoique j'aie oublié le nom de ce château, je me souviens qu'on y est établi très confortablement, et surtout qu'il y règne la propreté la plus recherchée. La sœur de lord Moiras, lady Charlotte, qui est bonne et aimable, en faisait les honneurs avec infiniment de grâce; il était bien malheureux que l'ennui fût là! Au dîner, les femmes sortent de table avant le dessert; les hommes restent pour boire et pour parler politique. Il est pourtant vrai de dire que dans aucune des réunions où je me suis trouvée les hommes ne s'enivraient; ce qui me persuade que si cet usage existait en Angleterre, comme on le répète souvent, il n'y existe plus dans la bonne compagnie. Je dirai aussi que j'ai dîné plusieurs fois chez lord Moiras avec le duc de Berri qui revenait de la chasse, et que ce prince ne buvait jamais que de l'eau, bien loin

maîtres de Stowe étaient morts, et que depuis le château avait brûlé ainsi que tous les chefs-d'œuvre qu'il renfermait. On m'a dit que, lors de cet évènement, Stowe appartenait à M. Hope, banquier.

de boire trop de vin, comme on l'a prétendu plus tard.

Après le dîner, on se réunissait dans une belle galerie, où les femmes sont à part, occupées à broder, à faire de la tapisserie, sans dire un seul mot. De leur côté, les hommes prennent des livres et gardent le même silence. Je demandai un soir à la sœur de lord Moiras, par un beau clair de lune, si l'on ne pouvait pas aller se promener dans le parc. Elle me répondit que les volets étaient fermés et qu'on ne les rouvrait point par prudence, la galerie de tableaux se trouvant au rez-de-chaussée. Comme la bibliothèque, qui était magnifique, renfermait aussi des recueils de gravures, ma seule ressource alors était de m'emparer de ces recueils et de les parcourir, en m'abstenant, à l'exemple général, de prononcer une parole. Au milieu d'un cercle aussi taciturne, me croyant seule un jour, il m'arriva de faire une exclamation à la vue d'une gravure charmante, ce qui surprit au dernier point tous les assistans. Il est pourtant de fait que l'absence totale de conversation ne tient pas en Angleterre à l'impossibilité de causer avec agrément; je connais beaucoup d'Anglais qui sont fort spirituels; j'ajouterai même que je n'en ai pas rencontré un seul qui fût un sot.

La saison était trop avancée pendant mon séjour chez lord Moiras pour que je pusse faire de longues courses à pied. Lady Charlotte me proposa de venir promener avec elle en voiture; mais elle se servait d'une espèce de cariole dure comme une charrette, dans laquelle je ne pus rester longtemps. Les Anglaises en outre se sont habituées à braver leur climat. J'en rencontrais souvent par des pluies battantes, dans des calèches ouvertes et sans parapluie. Elles se contentent alors de s'entourer de leur manteau, ce qui ne serait pas sans inconvénient pour une étrangère peu faite à ce régime aquatique.

J'avais un grand désir de voir le château de *Warwick* que l'on m'avait beaucoup vanté. Je m'y rendis, espérant pouvoir le visiter incognito pour éviter toute gêne réciproque. Mais lord Warwick, ne voulant recevoir que des étrangers connus, fit demander mon nom, que je ne cachai point. Alors il vint au devant de moi, me fit lui-même les honneurs de son château, et me reçut en tout avec la plus obligeante distinction.

Warwick est un château gothique comme celui de la duchesse Dorset; mais son aspect est bien plus pittoresque et bien plus romantique. En traversant sa grande cour entourée de rochers, je replaçais dans ce beau manoir des nobles dames, des chevaliers avec leurs bannières; j'aurais désiré l'habiter moi-même, tandis que le château de la duchesse, quoique plus grand, est si triste, qu'on se ferait conscience d'y placer quelqu'un.

Après m'avoir présentée à sa femme, qui m'offrit à déjeuner, et m'engagea à venir passer quelques jours avec eux, lord Warwick me fit traverser son parc dans sa voiture; ensuite il me fit voir lui-même avec détail l'intérieur du château, qui est rempli d'antiquités, de tableaux, d'armures et d'objets précieux de tous les genres. Il me montra entre autres dans sa serre chaude une énorme coupe antique de la plus grande beauté. Cette coupe est en forme de jatte; je présume qu'elle était placée chez les Grecs dans un temple de Bacchus; car les ornemens se composent de grappes de raisin et de feuilles de vigne entrelacées. Il me fit voir aussi sur son clavecin les deux petits dessins de moi dont je parle dans mon second volume et que j'avais faits au charbon sur les dessus de portes de lord Hamilton. Il me dit les avoir achetés fort cher de ce lord, à qui pourtant je ne les avais pas vendus.

L'entrée du château de Warwick est taillée dans les rochers sur lesquels il est bâti. Le grand chemin passe dans le parc, ce qui anime cette magnifique habitation, dont le propriétaire me parut un excellent homme, qui jouissait bien de tout ce qu'il possédait.

Je visitai aussi Blenheim, dit Marlboroug, où je vis de superbes tableaux et un très beau parc.

Souvent, en revenant de ces différentes courses, je m'arrêtais sur des hauteurs à quatre ou cinq milles de Londres, espérant jouir de l'aspect de cette ville immense; mais le brouillard qui la couvrait était toujours d'une telle épaisseur, que je n'ai jamais pu apercevoir que la pointe de ses clochers.

CHAPITRE X.

Je quitte l'Angleterre. — Rotterdam. — Anvers. — M. d'Hédouville. — J'arrive à Paris. — Madame Catalani. — Mademoiselle Duchesnois. — Madame Murat. — Je fais son portrait. — Je pars pour la Suisse. — Lettres à la comtesse Vincent Polocka.

Quoique je fusse arrivée en Angleterre dans l'intention d'y passer quatre ou cinq mois, j'y restais depuis près de trois ans; j'étais retenue, non seulement par mes intérêts de fortune comme peintre, mais encore par la bienveillance qu'on me témoignait. J'ai souvent entendu dire que les Anglais étaient peu hospitaliers; je suis bien loin de partager cette opinion, et je conserve une vive reconnaissance de l'accueil qui m'a été fait à Londres. Outre que je recevais, pour aller dans le monde, plus d'invitations qu'il ne m'était possible d'en accepter, j'avais réussi (ce qu'on dit être plus difficile) à me former une société selon mon goût pour l'intimité, en me liant avec lady Bentick et sa sœur, les demoiselles Villers, madame Anderson, et lord Trimlestown qui, très amateur des arts, cultive la peinture et la littérature avec goût, et qui, maintenant à Paris, me conserve sa bonne amitié. Je ne me serais donc pas décidée à retourner si tôt en France, si je n'avais appris que ma fille était arrivée à Paris; je désirais bien vivement la revoir, d'autant plus que l'on m'écrivait en secret que son père lui faisait former différentes liaisons qui me semblaient peu convenables pour une jeune femme, en sorte que je résolus mon départ.

Il fallait vraiment que je fusse entraînée par un intérêt de cœur pour résister aux regrets que voulaient bien me témoigner mes amis et mes simples connaissances. Comme à cette époque, Bonaparte, qui s'était fait empereur, ne laissait point sortir de France les Anglais qui s'y trouvaient à la rupture du traité d'Amiens (1), lady Herne, connue par son goût pour les arts, disait qu'il fallait me retenir en otage. Aucun des motifs qui devaient m'engager à rester ne fut oublié par les aimables gens que j'allais quitter, et j'étais trop sensible à ces bienveillans efforts pour ne pas y céder en toute autre circonstance.

Comme j'allais monter dans ma chaise de poste pour me rendre à l'auberge située près de l'endroit où je devais m'embarquer, je vis arriver la charmante madame Grassini; je crus qu'elle venait simplement me faire ses adieux, mais elle me déclara qu'elle voulait me conduire à l'auberge, et me fit monter dans sa voiture, que je trouvai encombrée d'oreillers et de paquets. « Pourquoi donc tout cela? lui demandai-je. » — « Vous ne savez donc pas, me dit-elle, que vous allez dans la plus détestable au-

(1) On m'a assurée qu'un Anglais, ne voyant point de terme à sa détention dans la ville de Verdun, avait pris le parti d'y faire bâtir une maison.

berge du monde? vous pouvez y rester huit jours et plus si le vent n'est pas favorable, et mon intention est d'y rester avec vous. » Je ne saurais dire à quel point je fus touchée de cette marque d'intérêt. Cette belle femme quittait les plaisirs de Londres, ses amis, sans parler de la foule d'adorateurs toujours attachés à ses pas; ce trait me parut bien aimable, aussi ne l'ai-je jamais oublié.

Je m'embarquai pour Rotterdam, où nous arrivâmes le matin à cinq heures; mais je restai dans le vaisseau, *par ordre*, ainsi que plusieurs autres personnes, et nous ne pûmes débarquer qu'à deux heures. Dès que je fus à terre, j'allai chez M. de Beauharnais, beau-frère de Joséphine et alors préfet de Rotterdam; comme j'arrivais de Londres, il me consigna pour huit ou dix jours dans la ville, qu'il me laissait pour promenade, ce qui me contraria fort; de plus, je ne tardai pas à être mandée chez le général Oudinot, et j'avoue que je ne fis pas cette visite sans avoir un peu peur; mais le général me reçut si bien que mes craintes se dissipèrent aussitôt, et je me résignai à attendre que ma liberté me fût rendue.

L'ambassadeur d'Espagne, que j'avais connu à Pétersbourg, et qui résidait à La Haye, ayant appris mon aventure, eut pitié de moi; il vint me chercher plusieurs fois dans sa voiture pour me faire faire des courses à La Haye, distraction qui m'était fort agréable. Enfin, au bout de dix jours j'obtins mon passeport et je fus libre.

Je partis pour Anvers où le préfet, M. Hédouville, me combla de soins et de prévenances; il me conduisit dans la ville pour me faire voir tout ce qu'elle renfermait de remarquable. Ne sachant comment reconnaître l'obligeance que madame Hédouville et lui me témoignaient, je m'empressai d'aller, sur leur demande, voir un jeune peintre fort malade, qui les intéressait beaucoup, et qui avait, disaient-ils, le plus vif désir de me connaître; M. Hédouville m'y conduisit, et son aimable femme voulait me persuader que ma visite avait fait tant de plaisir à cet artiste que la fièvre avait cessé aussitôt; quoi qu'il en soit de cette cure dont on me faisait honneur, je ne pus savoir si elle fut complète, car je repris le lendemain ma route pour Paris.

Ce fut une grande joie pour moi que celle de revoir mes amis, et ma fille surtout; son mari, qu'elle avait accompagné en France, était chargé par le prince Narishkin de la mission particulière d'engager des artistes pour Pétersbourg; il repartit quelques mois après, mais seul, car l'amour avait fui depuis long-temps, et ma fille resta, à ma grande satisfaction. Pour son malheur et pour le mien, ma pauvre enfant avait une tête extrêmement vive; de plus, je n'étais point parvenue à lui donner le dégoût que je ressentais pour la mauvaise compagnie. Ajoutez à cela, soit qu'il y eût de ma faute ou non, que si son empire sur mon esprit était grand, je n'en possédais aucun sur le sien, et l'on concevra que parfois elle ait pu me faire verser quelques larmes amères. Mais enfin c'était ma fille; sa beauté, ses talens, son esprit, la rendaient aussi séduisante qu'on peut l'être, et quoique j'eusse alors le chagrin de ne pouvoir la décider à venir loger avec moi, attendu qu'elle s'entêtait à voir plusieurs personnes que je ne devais pas recevoir, je la voyais tous les jours, ce qui m'était une grande joie.

La première personne avec laquelle je fis connaissance à mon retour de Londres, fut madame Catalani, dont les talens faisaient alors les délices de Paris. Cette grande cantatrice était jeune et belle. Sa voix, une des plus étonnantes que l'on puisse entendre, joignait à une étendue prodigieuse une légèreté qui tenait du miracle. Elle n'avait point l'expression qui charmait dans madame Grassini; elle ravissait à la manière du rossignol. Je fis le portrait de cette charmante femme, voulant le garder chez moi, où il fait encore pendant à celui de madame Grassini.

Je m'empressai de reprendre mes soirées de musique, où madame Catalani eut la complaisance de venir chanter, à la grande satisfaction de toute ma société. Nous faisions surtout de la musique vocale; car je n'avais plus Viotti, et ce ne fut que plus tard que le délicieux violon de

Lafond vint nous consoler de son absence. Je me souviens qu'à cette époque, où nous entendions les plus jeunes et les plus habiles chanteurs de l'Europe, madame Dugazon, se trouvant un soir chez moi, nous chanta la romance de *Nina* de Daleyrac avec une telle expression qu'elle nous attendrit jusqu'aux larmes.

Comme on ne peut pas toujours arranger de la musique, je fis un soir de ces tableaux vivans qui avaient eu tant de succès à Pétersbourg; et en prenant soin de ne placer derrière la gaze que de beaux hommes et de jolies femmes, nous en composâmes de charmans. Un autre jour, j'imaginai de tracer sur un paravent plusieurs coiffures de personnages historiques, dessous lesquelles je fis des trous où pouvait passer un visage. Les conversations qui s'établissaient avec ceux qui allaient y placer leurs têtes, nous amusèrent beaucoup, et Robert, qui prenait part à toutes les gaietés comme un écolier, alla poser la sienne sous la coiffure de Ninon, ce qui nous fit rire comme des fous. Tous ces détails paraîtront bien puérils aujourd'hui que les soirées se passent à parler politique ou à jouer; mais plusieurs d'entre nous n'avaient pas encore perdu l'habitude de s'amuser, et le fait est qne nous nous amusions beaucoup ; après tout, ces plaisirs valaient bien les cartes des salons de Paris et les étouffans *routs* des salons de Londres.

Pour une personne qui désirait faire passer agréablement le temps à ses amis, il m'arriva ce que je puis appeler une bonne fortune. Mon frère donnait alors des leçons de déclamation à mademoiselle Duchesnois. Il me l'amena et lui fit réciter dans mon salon quelques fragmens de rôles. Nous fûmes tous charmés d'un talent si supérieur, et nous ne pouvions concevoir qu'on ne voulût pas l'engager à la Comédie-Française. Le fait est qu'il s'en fallait de beaucoup que mademoiselle Duchesnois fût jolie; mais je ne doutais pas que le public en l'écoutant n'oubliât sa laideur. Comme j'avais alors fort peu de crédit par moi-même, j'allai trouver madame de Montesson, qui était en faveur à la cour de Bonaparte. Je lui vantai si bien ma jeune actrice, qu'elle voulut la faire entendre chez elle, dans une grande soirée. Tout le monde ayant été enchanté, M. de Valence se chargea aussitôt de faire les démarches nécessaires pour obtenir un ordre de début, et notre protégée fut enfin admise.

On se souvient encore sans doute de l'immense succès qu'elle obtint dès le premier jour dans le rôle de Phèdre. Ce succès fut tel qu'il lui permit de lutter sans aucun désavantage contre la plus belle créature que l'on ait jamais vue sur la scène, mademoiselle Georges, qui débutait précisément en même temps qu'elle et dans le même emploi.

Le jour du début de mademoiselle Duchesnois, je lui donnai mes conseils de peintre pour son costume et pour sa coiffure; car c'était surtout le visage qu'il s'agissait de sauver. Je ne saurais dire à quel point je jouissais des transports du public pendant et après la tragédie. J'étais vraiment heureuse d'avoir contribué à la fortune de cette jeune fille, qui n'avait d'autre moyen d'existence que son talent, et qui était de plus une excellente personne.

Elle m'a toujours témoigné la plus grande reconnaissance de l'appui dont mon frère et moi lui avions été, et m'a montré jusqu'à sa mort un tendre attachement. Quant à sa complaisance, je puis dire qu'elle avait mis son talent à ma disposition; non seulement elle disait dans mon salon une scène de ses rôles toutes les fois que je l'en priais, mais elle a joué chez moi plusieurs proverbes, entre autres, *la Cuisine dans le salon*, où nous la vîmes remplacer la dignité de Clytemnestre par une rondeur et une vérité qui nous charmèrent.

Une des premières personnes que j'avais revues à mon retour de Londres avait été madame de Ségur, et j'allais souvent chez elle. Un jour, son mari me fit entendre que mon voyage en Angleterre avait déplu à l'empereur, qui lui avait dit sèchement : « Madame Lebrun est allée voir *ses amis*. »

Il faut croire que cette rancune de Bonaparte contre moi n'était pas bien forte, car très peu de jours après avoir parlé ainsi, il m'envoya M. Denon me commander de sa part le portrait de sa sœur, madame Murat. Je ne crus pas devoir refuser, quoique ce portrait ne me fût payé que dix-huit cents francs, c'est-à-dire moins de la moitié de ce que je prenais habituellement pour ceux de cette grandeur. Cette somme devint d'autant plus modique, que, pour me satisfaire dans la composition du tableau, je peignis à côté de madame Murat sa petite fille qui était fort jolie, et cela sans augmenter le prix.

Il me serait impossible de décrire toutes les contrariétés, tous les tourmens qu'il me fallut endurer pendant que je faisais ce portrait. D'abord, à la première séance, je vis arriver madame Murat avec deux femmes de chambre qui devaient la coiffer pendant que je la peindrais. Toutefois, sur mon observation qu'il me serait impossible ainsi de pouvoir saisir des traits, elle consentit à renvoyer les deux femmes. Ensuite, elle manquait sans cesse aux rendez-vous qu'elle me donnait, de façon que, dans mon désir de terminer, elle m'a fait passer presque tout l'été à Paris, attendant le plus souvent en vain, ce qui m'impatientait à un point que je ne saurais dire. De plus, l'intervalle entre les séances était si long, qu'il lui arrivait de changer de coiffure. Dans les premiers jours, par exemple, elle portait des boucles de cheveux pendantes sur ses joues, et je les fis comme je les voyais; mais quelque temps après, cette coiffure ayant passé de mode, elle revint coiffée tout autrement, en sorte que je fus obligée de gratter les cheveux que j'avais peints sur le visage, de même qu'il me fallut effacer des perles qui formaient un bandeau, pour les remplacer par des camées. Il en arrivait autant pour les robes. Celle que j'avais faite d'abord était assez ouverte, comme on les portait alors, et garnie d'une large broderie; cette mode ayant changé, force fut de rapprocher la robe et de recommencer les broderies, qui se trouvaient beaucoup trop éloignées. Enfin tous les ennuis que madame Murat me faisait éprouver finirent par me donner tant d'humeur, qu'un jour, comme elle se trouvait dans mon atelier, je dis à M. Denon, assez haut pour qu'elle pût l'entendre : «*J'ai peint de véritables princesses qui ne m'ont jamais tourmentée et ne m'ont jamais fait attendre.*» Le fait est que celle-ci ignorait parfaitement que l'exactitude est la politesse des rois, comme le disait si bien Louis XVIII, qui, à la vérité, n'était pas un parvenu.

Délivrée du tracas que m'avait donné ce portrait de madame Murat, je repris le train de vie paisible dont j'avais la douce habitude; mais mon goût pour les voyages n'était point encore satisfait : je n'avais point vu la Suisse, et je brûlais du désir d'aller contempler cette belle nature. Je résolus donc de quitter encore une fois Paris, et je partis en 1808, pour aller courir les montagnes. Comme j'adressai dans le temps la relation exacte de ce voyage à la comtesse Vincent-Potocka, je me borne à placer ici les lettres que je lui écrivais, dont j'ai gardé les doubles.

VOYAGE EN SUISSE

EN 1808 ET 1809.

LETTRE Ire (1).

De Bâle à Bienne ; de Bienne à l'île Saint-Pierre.

Puisque vous le voulez, Madame, je vais causer avec vous de mes courses pittoresques en Suisse où bien souvent je vous ai promenée en idée ; mes récits et mes descriptions seront simples comme la nature ; je n'ose pas vous ga-

(1) Ces lettres sont adressées à madame la comtesse Vincent Potocka, née Massalska ; elle avait épousé en premières noces le prince Charles de Ligne, qui fut tué dans les guerres de la révolution ; le prince Charles était un brave et excellent jeune homme dont la mort a été beaucoup pleurée.

rantir leur intérêt; mais j'ose vous garantir leur vérité.

C'est par Bâle que j'ai fait mon entrée en Suisse; je ne m'arrêterai pas à vous décrire cette ville, parce qu'elle est beaucoup trop connue; je me bornerai à vous dire qu'en arrivant à Bâle, je me fis annoncer chez M. Ethinger, banquier, qu'il se rendit tout de suite à mon hôtel, et qu'il me donna un dîner où il avait invité beaucoup de monde. Je pris le chemin de l'évêché de Bâle pour aller à Bienne; c'est M. Ethinger qui me conseilla de suivre cette route. Il avait grandement raison, car cette route est sans contredit la plus pittoresque, la plus variée, la plus grandiose. On y voit des scènes de paysage qui surpassent en beauté tout ce qu'on peut voir dans l'intérieur de la Suisse; j'étais sans cesse en admiration. Sur ce chemin se trouve Pierre-Pertuis, arcade de rocher formée par la nature elle-même, qui présente à elle seule un paysage et qui encadre une vue délicieuse.

Aimable comtesse, si vous avez peur des précipices, je ne vous engage pas à suivre la route de l'évêché de Bâle; vous pourriez bien n'y éprouver d'autre sensation que le mal de la peur; les précipices sont à perte de vue, sans parapets ni barrières; on les trouve à la droite du chemin; d'énormes rochers à pic bordent le côté gauche. Il s'en est peu fallu que je ne sois tombée dans ces abîmes. Le cheval qui menait ma voiture, allait de droite à gauche au bord des précipices. Le chemin est étroit. Tout à coup mon cheval se cabre; le sang lui sort des narines et jaillit sur les vitres de ma voiture: le cocher descend pour arrêter le cheval, qui bondissait toujours. J'avoue que j'étais fortement effrayée; je dissimulais ma peur pour ne pas augmenter celle de ma chère compagne Adélaïde; le ciel eut enfin pitié de nous. Au moment même où nous étions sur le point d'être emportées dans les précipices, un homme (le seul que nous ayons rencontré sur cette route) vient à nous, ouvre la portière et nous fait descendre; puis aussitôt il se réunit au cocher pour retenir le cheval et lui relâcher le harnais;

le col de la pauvre bête était trop serré, et le sang lui avait porté à la tête. Nous étions certainement perdues sans ce bon paysan; j'ai voulu le récompenser, mais il m'a refusée en disant : *Je suis heureux de m'être trouvé là.* Que Dieu le bénisse pour prix du service qu'il nous a rendu!

Nous continuâmes notre route presque toujours à pied, pour ne pas nous exposer à de nouveaux périls, et nous arrivâmes à Bienne. Je ne suis restée qu'un jour à Bienne pour me reposer, et je m'abstiendrai de vous en parler. Il me tardait de voir l'île de Saint-Pierre, devenue fameuse par le séjour de l'auteur de la *Nouvelle Héloïse.* Je traversai donc le lac, et je touchai à ce coin de terre qui n'a point l'imposant caractère des paysages suisses, mais qui offre à l'œil de paisibles champs où le bonheur semble nous attendre. Malgré son peu d'étendue, on trouve dans l'île de Saint-Pierre toutes sortes de productions, des vignes, du blé, des fruits; la nature y est vivace, et la végétation y brille du plus riche éclat. On monte sur une hauteur par un joli chemin ombragé, qui conduit à un bois de haute futaie; on s'enfonce avec délices dans l'ombre et la verdure de ce grand bois; aucun bruit ne trouble le promeneur solitaire qni vient y rêver; le silence de ce charmant asile n'est interrompu que par les mélodies du rossignol et les chants d'autres oiseaux. J'ai vu dans ce lieu pastoral et tout-à-fait élyséen une grande salle où chaque dimanche les villageois du voisinage se réunissent pour danser. Vous auriez été heureuse, aimable comtesse, de vous asseoir sur un banc placé à l'extrémité du bois sur la hauteur; on y jouit de l'air le plus pur et de la vue du lac; on y est seul sans être isolé, car les bords du lac sont peuplés de mille habitations bâties au pied des montagnes, et ces montagnes sont cultivées soigneusement. Après les différens spectacles de la nature, la seule curiosité, la seule chose intéressante de l'île de Saint-Pierre, c'est la maison qu'habita Rousseau; elle est située au milieu de l'île, et, vous le dirai-je, Madame, ce n'est plus qu'un cabaret!... L'immortelle renommée de l'écrivain genévois n'a pu sauver sa demeure de cette profanation.

Quelques douces que fussent pour moi les promenades et les rêveries dans l'île de Saint-Pierre, il a fallu m'arracher à ces lieux; je suis retournée à Bienne, et de Bienne je suis venue à Berne. Le chemin qui mène à Berne passe à travers les sites les plus variés. En approchant de la ville, on découvre sur le plateau d'une montagne quatre lacs, et bientôt ensuite la chaîne des glaciers et tous les monts environnans; le spectacle de ces grandes chaînes montagneuses frappe vivement l'imagination. Le lendemain de mon arrivée à Berne, je suis allée chez madame de Vatteville dont le mari était lendamman, et chez le général Vial, notre ambassadeur; j'ai reçu d'eux le plus aimable accueil. J'ai fait avec le général Vial des courses charmantes aux environs de Berne; l'Arno entoure la ville; il anime et embellit tout, et chaque pas conduit à des sites qu'il faut admirer. Berne a une cathédrale et deux hospices qui méritent d'être visités par les voyageurs. La ville est bâtie sur la hauteur; on trouverait difficilement un point de vue aussi beau que celui qu'on découvre de la plate-forme de Berne.

LETTRE II.

La vallée de Lauterbruun, la chûte du Schaubach, les glaciers de Grindelwald; Schaffouse.

Aimable comtesse, je continuerai à vous faire voyager avec moi dans cette contrée tant aimée des artistes, des poètes et des esprits rêveurs; les spectacles, les tableaux qui vont passer sous vos yeux sont de la plus grande sublimité. Dans les courses dont il va être question, j'avais une compagne de plus, la belle et gracieuse madame de Brac dont j'ai fait la connaissance à Berne; son mari occupait le poste de chargé d'affaires de la Hollande en Suisse; madame de Brac était grosse de sept mois. Elle avait un fils âgé de dix ans, d'une remarquable intelligence. Le jeune de Brac était constamment à me regarder peindre; il me disait : « Madame, vos paysages *sont vivans*, permettez-moi d'en copier. » Un jour je lui en donnai un, il me rapporta la copie que je pris pour mon original.

En quittant Berne, je suis venue à Thoun, et de Thoun je me suis dirigée vers le fameux glacier; avant d'arriver à ce glacier, il faut traverser la grande vallée de Lauterbrunn qui présente l'aspect le plus sauvage; la vallée de Lauterbrunn est si âpre et sombre, que je ne pouvais pas me résoudre à la croire habitée. Elle est enfermée de tous côtés par des montagnes si élevées que le soleil ne peut l'éclairer entièrement qu'à son midi; aussi les matinées y sont ténébreuses, et sitôt que le soleil descend à l'horizon, la nuit y revient. La vallée de Lauterbrunn est donc les trois quarts du temps le domaine des noires ombres. D'après cela, jugez quelle charmante surprise dut être pour nous la rencontre de plusieurs jeunes filles jolies comme des anges; leur teint était rose et blanc; un air de candeur naïve ajoutait encore à leur beauté. Elles nous apportèrent de très belles et d'excellentes cerises. Dans un lieu aussi triste, aussi sauvage, ne pourrions-nous pas croire que ces jeunes bergères, ainsi que leurs fruits, nous étaient descendus du ciel? Cette scène toute fantastique était pour moi comme une scène des *Mille et une Nuits*.

De grosses pierres encombrent les chemins de la vallée; notre voiture était horriblement cahotée, et je tremblais que madame de Brac ne fît une fausse couche. Nous avons rencontré de gros torrens sales et très rapides dont mon *éteignoir* aurait eu grand'peur, s'il avait été là. Celui que j'appelle ici du nom d'*éteignoir*, parce qu'il refoulait en moi toutes les pensées d'art et de poésie, est un certain M. D..... qui probablement vous est inconnu, aimable comtesse. « Quel vilain pays que la Suisse! » me disait ce M. D....; « les montagnes et les torrens me font « mourir de peur; je n'aime de la Suisse que « les prairies. »

Il ne faut pas que j'oublie de vous parler de la cascade du Schaubach devant laquelle nous nous sommes arrêtées en chemin. Cette cascade tombe d'une hauteur de huit cents pieds; aussi le bas de sa chute se transforme en tourbillons de fumée; cette immense nappe d'eau qui roule et se précipite avec fracas vous éblouit, vous étourdit, vous fait perdre la tête. En face de la cascade se trouvent quelques habitations. De là on voit cette superbe montagne de neige appelée Iung-Frau, où l'homme n'a jamais pu monter. Arrivées au bout de la vallée de Lauterbrunn, nous trouvâmes une grande quantité de châlets entourés d'arbres fruitiers. Nous couchâmes à l'auberge du Curé, en face des glaciers de Grindelwald, très beaux et très imposans par leur masse énorme.

Nous sommes retournés à Berne, en passant par Brientz, et de Berne nous sommes venus à Schaffouse. Après avoir dîné à Schaffouse, je reçus la visite du bourgmestre à qui j'avais été recommandée; il me proposa de me conduire à la chute du Rhin; j'acceptai son offre obligeante. Le bourgmestre me mena dans un très petit bateau, et je ne pouvais me défendre d'un peu de frayeur en voyant quantité de rochers placés çà et là sur notre passage. Enfin nous voilà au bas de cette chute d'eau dont la majestueuse beauté inspire une sorte de terreur. Je suis montée aussitôt dans le petit pavillon qu'ébranle continuellement la violence de la cascade. Ce pavillon est le point d'où on peut jouir de la manière la plus complète de l'effet de ces vastes masses d'eau; l'arc-en-ciel s'y voit constamment. J'ai visité également le dessus de la chute qui est superbe. J'ai peint ces deux vues.

Des coteaux couverts de vignes entourent la chute du Rhin, et je demandai au bourgmestre de m'envoyer du vin de sa vigne; il me répondit avec un peu d'embarras que le port coûterait plus que le vin ne vaudrait; je l'assurai que j'en avais bu et qu'il était excellent: « Monsieur « a bien raison, me dit alors Adélaïde; le vin « que vous avez bu à l'auberge est de la côte du « Rhin. » Je reconnus ma méprise; j'avais confondu la *côte* et la *chûte*, et j'en fus honteuse.

Si je me mettais sur le chapitre des méprises, j'en aurais plus d'une à vous raconter. A mon retour de Suisse, j'eus une distraction de ce genre que je ne me pardonne pas. J'arrive chez madame de Bellegarde, à leur château de Marche en Savoie; après un doux repos, je vais avec ces dames à Chambéry chez M. de Boigne qui nous mène aussitôt à sa charmante maison de campagne près de la ville; étant montée sur une terrasse qui domine Chambéry : « Cette vue est ravissante, m'écriai-je, on dé- « couvre *si bien le village!* » M. de Boigne (1) en fut choqué, et ce n'était pas sans raison.

(1) M. de Boigne, mort depuis quelques années, était né à Chambéry; il a eu le bon esprit d'employer une grande partie de sa fortune à faire bâtir dans sa ville natale des hôpitaux et des monumens utiles à ses compatriotes.

LETTRE III.

Zurich ; Ehrlebacz, l'île d'Houfnau, Rapercheld, la vallée de Glaris.

En voyageant en Suisse, on passe d'enchantement en enchantement; quand on sait bien voir, on n'y connaît point la monotonie; à chaque pas la scène varie; d'un site charmant vous passez à un site sévère: c'est ce que j'éprouvai en allant à Zurich. Après avoir visité les curiosités de la ville et les environs, j'allai m'installer dans une jolie maison de campagne à Ehrlebacz, au bord du lac; cette maison appartenait au général baron de Salis; lui-même habitait tout près de là avec sa femme, sa fille et sa belle-fille, et ce voisinage ne faisait qu'augmenter le charme de mon séjour. Je fus reçue par le général et par les siens comme si j'eusse été de la famille. Je ne puis oublier les douces heures que j'ai passées dans leur société. Le bon général avait quatre-vingt-un ans; malgré son âge et ses infirmités, il était toujours gai, spirituel; il me racontait mille piquantes anecdotes; à l'âge du général, la main peut bien être paresseuse, et cependant le vieux et excellent baron écrivait souvent à ses amis. J'avais rencontré aussi le général baron de Salis dans mon voyage à Naples, et je l'avais trouvé aimable et bon, comme je l'ai dit ailleurs. Du reste, il n'était point pour moi une connaissance nouvelle; avant que l'ouragan révolutionnaire eût tout dispersé, j'avais connu et reçu chez moi à Paris le bon général; tous les gens de bien l'estimaient et l'aimaient.

Les deux côtés du lac sont parsemés de villages pittoresques et d'élégantes maisons de campagne, la végétation y est riche et variée;

une forêt de sapins couvre les riantes habitations. Les sites sont tellement champêtres, surtout à la droite du lac du côté du mont Albis, qu'on se rappelle involontairement les peintures de Gessner; en effet, c'est là qu'était sa demeure, et c'est là qu'il a écrit d'après nature. Une de nos jouissances était d'entendre tous les dimanches matin, à huit heures précises, les cloches de différens villages des bords du lac, qui toutes sonnent à la même heure; leurs sons différens se confondent, se perdent ensemble selon leur distance : c'est un mélange qui, sans être calculé, produit une harmonie lointaine délicieuse.

Avant de quitter Ehrlebacz, je désirais beaucoup faire une excursion, et je priai le général de permettre que sa belle-fille vînt m'accompagner; j'obtins cette permission; cette dame, qui n'avait guère plus de vingt ans, en fut aussi contente que moi. Dès le lendemain nous nous embarquâmes sur le lac de Zurich. Nous nous arrêtâmes à la petite île d'Houfnau, qui n'a pour habitans qu'une vieille femme et une jeune fille dont la nourriture se compose tout simplement de lait et de légumes. Une petite église, bien ancienne, entourée d'un cimetière, se trouve au milieu de l'île. La jeune fille nous montra un caveau ouvert, rempli de têtes de morts d'une grosseur prodigieuse : je ne pouvais en croire mes yeux. « Depuis quand ces têtes « sont-elles entassées là ? » demandai-je à la jeune fille. — « Ces têtes de morts, me répondit-elle, « sont si anciennes qu'on ne peut savoir l'é-« poque où elles ont été mises là. »

Nous quittâmes cette île et reprîmes notre barque pour aller coucher à Rapercheld ; le soleil n'éclairait plus que les sommets des montagnes de Glaris ; ces sommets étaient couleur de feu ; les autres montagnes plus près de nous, plus basses, étaient dans l'ombre ; cet effet mélancolique me charma tellement, que vite je pris mes pastels pour le peindre. Arrivées à l'auberge de Rapercheld, nous étions pressées de nous coucher, parce que nous voulions partir le lendemain de très bon matin pour une dernière excursion. Il m'a été impossible de dormir, parce qu'en face de nous des chants plaintifs se faisaient entendre. « Qui chante ainsi? » m'écriai-je. — « Ce sont des bergers, me « répondit-on, qui soupirent leurs amours pour « des jeunes filles logées là chez leurs parens.» On ajouta que c'était l'usage dans la contrée, et que souvent les parens ouvrent leur porte au jeune berger à qui ils veulent donner leur fille; en ce cas, les amoureux ont la permission de rester la nuit près du lit de celle qu'ils doivent épouser; on m'a bien assuré que jamais ils n'abusaient de cette permission. Ce coin de la Suisse est assez peu fréquenté; les habitans peuvent avoir conservé l'innocence primitive.

Le lendemain nous partons pour aller sur le lac de Walenstad; gardez-vous bien, Madame, de vous embarquer jamais sur ce lac; il n'a pas le charme des autres lacs de la Suisse, et ne présente que des périls; d'énormes montagnes l'entourent et le resserrent. A gauche, en entrant, se trouve un petit village avec son clocher, c'est le seul endroit où l'on puisse débarquer. Nous allions toujours en avant, lorsqu'un grand vent s'élève, et tout à coup de gros nuages noirs s'amoncellent sur les monts et sur nos têtes; j'admirais cet effet terrible; mais ma jeune compagne mourait de peur, d'autant que le batelier nous dit qu'il fallait vite retourner; plus loin nous n'aurions pu débarquer. D'après l'avis du batelier, et aussi vu la frayeur de ma compagne, nous rebroussâmes chemin. Il était temps, car la tempête ne tarda pas à gronder, et un peu plus tard nous aurions été en péril. Nous retournâmes à Rapercheld.

Nous avions eu le projet de visiter la vallée de Glaris, et plusieurs amis du général de Salis nous attendaient pour nous accompagner. Cette vallée n'a de remarquable qu'une cascade; elle est encaissée par de grandes roches, de sorte qu'à l'heure de midi on y étouffe de chaleur. Ma pauvre tête brûlait sous mon chapeau, et je ne pouvais plus y tenir; ayant aperçu en chemin des plantes à larges feuilles, j'en ramassai pour en couvrir ma tête; je les renouvelais sans cesse, et c'est ainsi que je parvenais à me rafraîchir. Nous étions tous accablés par la chaleur, lorsque enfin nous découvrîmes un châlet au bout de la vallée ; nous y entrâmes pour nous reposer, et nous y bûmes du lait avec délices. La femme qui nous avait donné cette hospitalité si généreuse ne voulut point recevoir d'argent ; nos compagnons nous firent entendre qu'elle accepterait plus volontiers des rubans ; aussitôt nous détachâmes nos ceintures, et cette femme fut parfaitement satisfaite.

En traversant la vallée de Glaris, j'aperçus un village placé tout-à-fait au-dessous d'une montagne qui menaçait de crouler ; plusieurs grosses pierres avaient déjà roulé jusques auprès des habitations ; je dis à plusieurs des bonnes gens du village : « Je crains bien que cette mon-« tagne ne tombe un jour sur vous. » — « Que « voulez-vous ? me répondirent ces bonnes gens, « nous sommes nés là, nous y mourrons. » Tristes et naïves paroles qui peignent toute la simplicité de ces lieux. On montre au bout de cette vallée, à droite et à gauche, les deux chemins que l'armée française et l'armée russe ont suivis dans le temps des guerres de la révolution.

LETTRE IV.

Soleure; la montagne de Wunschestein; coucher et lever du soleil sur les montagnes.

Je n'ai rien à vous dire de Soleure, Madame, car je m'occupe peu de l'étude des villes; mais c'est à la nature que je donne toute mon attention, toutes mes pensées. En me promenant dans Soleure, je découvris, sur un des plus hauts sommets de la ligne du Jura, un petit châlet tout seul, bien petit; c'était un point; je demande qui loge là, si haut, tout seul; on me répond qu'on peut y arriver très facilement; j'avais peine à le croire, car la montagne est à pic; cependant, après des informations plus précises, on me conseille d'y monter pour voir le coucher et le lever du soleil; le maître de l'auberge où j'étais me décide enfin, en me disant qu'on y va par une grande route superbe, que ma calèche et quatre chevaux m'y mèneront dans la perfection. Me voilà décidée.

Il faisait le plus beau temps du monde; pas un nuage. Je vais assez bien en voiture pendant trois quarts d'heure; mais ensuite cette soi-disant grande route n'était plus qu'une sorte de cahos; c'étaient de grosses pierres les unes sur les autres, pointues, bossues; une montée à pic sans garde-fou. Vous jugez bien, Madame, que je pris le parti d'aller à pied. Mon guide ne revenait pas de mon courage; il fut grandement étonné de ma marche, qui a duré depuis quatre heures jusqu'à huit et demie; je suis montée à pic l'espace de trois lieues et demie; aux deux premières heures de la marche, la chaleur était affreuse; les ardeurs du soleil une fois passées, plus je montais, plus je me sentais forte; à dire vrai, le spectacle dont je jouissais me charmait au point de me faire oublier la fatigue. J'ai vu cinq ou six vastes forêts les unes sur les autres s'abaisser sous mes yeux ; le canton de Soleure ne me paraissait plus qu'une plaine, la ville et les villages, de petits points; la belle ligne de glaciers qui bordait l'horizon se colorait de plus en plus des feux du soleil couchant; les autres montagnes étaient couleurs d'iris ; des lignes d'or avec des arcs-en-ciel s'étendaient sur ma montagne à gauche ; le soleil se couchait derrière le sommet; des monts violets-rougeâtres se perdaient insensiblement dans le lointain jusqu'au lac de Bienne et à l'extrémité de celui de Neuchâtel, si distans l'un de l'autre, qu'ils ne se détachaient que par deux lignes dorées et entourées de vapeurs transparentes. Je dominais encore des cavités profondes, des montagnes de la plus belle végétation ; à mes pieds apparaissaient des vallons sauvages entourés de noirs sapins. A mesure que le soleil baissait, je voyais les nuances s'effacer; les différens sites prenaient un caractère sévère, tant par leurs formes que par le long silence qui est si bien en harmonie avec la chute du jour. Je puis vous dire, Madame, que j'ai joui de toute mon ame de ce spectacle si solennel et si mélancolique.

La lune s'est levée radieuse ; je me trouvais à côté du châlet où je devais coucher ; c'était là ce petit point que j'avais aperçu de la ville de Soleure. Les paroles me manquent pour dire quelle fut ma béatitude ; l'air le plus pur, l'odeur aromatique des gazons que je foulais, me donnaient un véritable bonheur ; si j'avais eu là quelques amis, je crois que je ne serais jamais descendue. Les vaches restent sur ces hauteurs pendant tout l'été ; l'herbe odorante devient leur nourriture, et leur lait en est tout parfumé. Le lait fit seul les frais de mon souper, car le poulet qu'on m'avait donné au châlet était dur et sec. Je devais me lever avant trois heures pour aller encore une lieue plus loin sur la cime d'une montagne d'où je devais voir le lever du soleil. Je ne pus dormir à cause des puces, et j'attendis impatiemment l'heure du départ sur une chaise.

Me voilà en chemin avec mon Adélaïde et

mon guide pour assister au spectacle du lever du soleil, mille fois plus radieux sur les montagnes que dans les plaines. Arrivée sur la cime du mont, je vois le disque doré du soleil levant, si brillant que mes yeux ne peuvent en soutenir l'éclat; le ciel était aussi pur que la veille; la nature n'était pas encore éclairée; un brouillard blanchâtre couvrait la vallée entière; c'était un néant de fumée. Peu à peu la ligne du glacier, qui avait été blanc-bleuâtre, se colore sur les sommets; elle prend des teintes roses, dorées; plus lentement les autres montagnes se verdissent, la plaine se découvre, les pointes des clochers reluisent; enfin les villes, les villages, les forêts, les prairies renaissent; cela ressemblait à une création. Le silence de ma montagne n'était interrompu que par le joli bruit des clochettes des troupeaux paissant çà et là autour du châlet. Il y avait avec nous un gros chien que j'ai tout de suite aimé; imaginez-vous qu'il regardait le soleil levant, immobile sur ses pieds, et qu'il pleurait en face de ce radieux spectacle. Ce chien était vraiment un bon compagnon, et je l'ai quitté avec regret. A huit heures et demie, je suis retournée à pied, descendant presque au galop ce mauvais chemin; ma voiture suivait; le bruit qu'elle faisait sur les pierres du chemin m'impatientait; ce bruit m'empêchait de penser et de jouir de mes impressions. Aussi ai-je pris le parti d'envoyer la voiture en avant pour ne plus l'entendre; à une heure après midi j'étais de retour à Soleure. Cette course à la montagne de Wunchestein restera toujours dans ma mémoire : que n'étiez-vous avec moi, aimable comtesse! c'est toujours mon refrain.

LETTRE V.

Vevay et ses environs.

Ne vous est-il pas arrivé, Madame, de rêver des lieux où vous voudriez vivre et mourir? Moi c'est dans un endroit comme Vevay que j'aimerais à passer ma vie avec quelques amis; Vevay, c'est le site de mes rêves, c'est mon lieu de prédilection; mais on ne s'arrête pas toujours là où on voudrait s'arrêter, et le destin ne nous permet guère d'être heureux. Le climat de Vevay est le meilleur climat de la Suisse; j'avais pris là une demeure sur les bords du lac de Genève qu'on voit dans sa plus grande largeur;

à droite et en face, le lac est encadré par les hautes montagnes de Meillerie jusqu'à l'entrée du Valais, d'où sort le Rhône qui se précipite dans le lac. Les montagnes qu'on voit en face et à gauche produisent un effet superbe au soleil couchant; la végétation dont elles sont ornées, varie leurs tons à l'infini. C'est là qu'on découvre sur la hauteur la dent de Jamand.

Les environs de Vevay offrent de ravissantes promenades. En suivant la gauche du lac, on arrive au château de Chillon par des coteaux boisés entrecoupés de villages. Au bas, près du chemin, un ruisseau limpide s'échappe avec rapidité, et vous charme par son murmure; à droite, des arbres de haute futaie bordent le lac qu'on découvre à travers les branches. La délicieuse promenade au château de Chillon rappelle la *Nouvelle Héloïse*. Je suis allée à Clarence au lever du soleil; appuyée sur les ruines du châlet de Jean-Jacques, j'ai peint l'ensemble de ces lieux si pleins de romanesques souvenirs.

Ce n'est pas là que se sont bornées nos promenades autour de Vevay; nous allâmes, moitié à pied, moitié en char-à-bancs, sur la montagne pierreuse de Blonay. Accablés de fatigue et de chaleur, nous avions fait halte pour prendre un peu de repos, lorsque MM. de Blonay vinrent nous témoigner le désir de nous recevoir dans leur château; j'acceptai avec plaisir. On découvre du château de Blonay une vue admirable; on y domine le lac et les montagnes environnantes. De belles pêches nous furent apportées; j'avoue qu'en ce moment de lassitude et de soif, ces pêches étaient pour nous comme la manne dans le désert.

Nous descendîmes la montagne de Blonay par le plus beau temps du monde; la lune se levait radieuse. Arrivée à mon hôtel de Vevay, je dis à l'aubergiste que je désirais faire une course sur le lac, et lui demandai des rameurs; l'aubergiste me répondit qu'il me conduirait lui-même dans son bateau. Il avait l'air si bon homme que j'acceptai sa proposition, à condition toutefois qu'il ne prononcerait pas un seul mot pendant le trajet, voulant comme toujours admirer en silence les effets de la belle nature. Mon Adélaïde étant trop fatiguée pour me suivre, je partis seule avec le gros aubergiste; ce n'était pas Saint-Preux, je n'étais pas Julie, et n'en fus pas moins heureuse. Ma barque se trouvait seule sur le lac; le vaste silence qui s'étendait autour de moi n'était troublé que par le léger bruit des rames. Je jouissais complètement de cette belle lune si brillante; quelques nuages argentés la suivaient sur un ciel d'azur. Le lac était si calme, si transparent, que la lune et ces beaux nuages s'y reflétaient comme dans un miroir. En vous écrivant, très aimable comtesse, je me crois encore dans mon bateau sur ce magnifique lac dont vous auriez joui comme moi.

Je pourrais vous parler encore des salines de Beg, de la belle cascade de Pisse-Vache à Sion (à laquelle je préfère pourtant celle du Reichenback), de Saint-Martin, de Saint-Maurice dont le pont et les anciennes fortifications forment un intéressant tableau. On trouve au bas de ces montagnes une population hideuse;

hommes et femmes ont tous des goîtres et paraissent idiots; j'étais triste de voir cette vilaine humanité. Je voulais pousser ma course au-delà des salines de Beg, mais j'ai été arrêtée par la suffocante chaleur des montagnes qui tout-à-coup se rapprochent et deviennent comme des gorges profondes. Je suis retournée par le chemin qui conduit aux rochers de Meillerie. Après quelque temps de marche, un orage survint; je m'arrêtai et me trouvai en face de Vevay. Le ciel était noir; on ne découvrait ni les montagnes ni l'entrée du Valais; mais de là je vis un effet radieux, un superbe arc-en-ciel qui se courbait justement sur Vevay; la ville en était si bien éclairée que je pouvais aisément distinguer le clocher et les maisons : ce qui m'a rappelé Jean-Jacques lorgnant de cet endroit l'habitation d'Héloïse (1).

(1) J'ai peint ces effets d'après nature.

LETTRE VI.

Coppet; madame de Staël.

J'ai passé une semaine à Coppet chez madame de Staël; je venais de lire son dernier roman, *Corinne ou l'Italie*; sa physionomie si animée et si pleine de génie me donna l'idée de la représenter en Corinne, assise, la lyre en main, sur un rocher; je la peignis sous le costume antique (1). Madame de Staël n'est pas jolie, mais l'animation de son visage peut lui tenir lieu de beauté. Pour soutenir l'expression

(1) Ce portrait est à Genève chez madame Necker, tante de madame de Staël.

que je voulais donner à sa figure, je la priais de me réciter des vers de tragédie (que je n'écoutais guère), occupée que j'étais à la peindre avec un air inspiré. Lorsqu'elle avait terminé ses tirades, je lui disais : *Récitez encore;* elle me répondait : *Mais vous ne m'écoutez pas.* Comprenant enfin mon intention, elle continuait à déclamer des morceaux de Corneille ou de Racine. Je me propose d'emporter le portrait à Paris pour lui mettre la dernière main (1).

(1) Dans le courant de l'année 1808 et de l'année 1809, madame de Staël écrivit trois petites lettres qui se rapportent à ce portrait, et qu'on nous saura gré de donner ici ; la première, datée de Coppet, le 16 septembre 1808, est adressée à madame Lebrun :

« Je serais vraiment honteuse, Madame, d'être restée si long-temps sans vous répondre, si je n'avais pas été si souffrante depuis quelque temps, que tout m'était difficile. Je m'en remets à vous pour l'exposition au salon, et je me flatte que votre talent fera pardonner ce qui manque à l'original. Quant à la gravure, je m'en charge ici ; ce serait trop retarder le moment où je posséderai le portrait, et d'ailleurs tous nos arrangemens sont faits à cet égard à Genève. Je vais à Vienne passer l'hiver; si je pouvais vous y être utile, donnez-moi vos commissions ; je les ferai très exactement ; il est bien juste que je

Je trouvai à Coppet plusieurs personnes établies; la bien jolie madame Récamier, le comte de Sabran et un jeune Anglais; puis je vis arriver Benjamin Constant, et le prince Auguste-Ferdinand de Prusse. La société se renouve-

vous rende un peu dans le réel de la vie ce que vous avez fait pour moi dans l'idéal. Daignez me rappeler au souvenir de madame Nigris, et conservez-moi toujours, je vous prie, quelque bienveillance.»

La seconde lettre, datée de Genève, le 9 janvier 1809, est adressée à madame Nigris, la fille de madame Lebrun :

« J'ai renoncé, Madame, à la gravure du portrait de madame votre mère; c'est trop cher pour une fantaisie, et je viens d'éprouver un procès considérable qui m'oblige à des ménagemens de fortune; mais aurez-vous la bonté de me dire quand le portrait de Corinne me sera remis par madame Lebrun? Mon intention était de lui envoyer mille écus en le recevant, mais n'ayant pas de ses nouvelles, je ne sais pas du tout ce que je dois faire. Soyez assez bonne pour vous en mêler, et me négocier, à cet égard, ce que je désire. Une négociation qui me serait bien douce aussi, c'est celle qui vous amènerait en Suisse cet été. Prosper dit qu'il y viendra. M. de Maleteste ne se laisserait-il pas séduire par cette réunion de tous ses amis? car j'ose me mettre du nombre; en le voyant une fois, il m'a semblé que je rencontrais une ancienne connaissance. Vous avez eu la bonté d'écrire à mon homme d'affaires, et je lui vole

lait sans cesse; on venait visiter l'illustre exilée, celle que l'empereur poursuivait de ses rancunes. Les deux fils de madame de Staël se trouvaient alors à Coppet; ils avaient pour gouverneur le littérateur allemand Schlegel; sa fille,

le plaisir de vous répondre. Agréez, Madame, mes complimens empressés.»

La troisième lettre, datée de Coppet, le 14 juillet 1809, est adressée à madame Lebrun :

« J'ai enfin reçu votre magnifique tableau, Madame, et, sans penser à mon portrait, j'ai admiré votre ouvrage. Il y a là tout votre talent, et je voudrais bien que le mien pût être encouragé par votre exemple; mais j'ai peur qu'il ne soit plus que dans les yeux que vous m'avez donnés. Me permettez-vous de vous envoyer ce mandat payable le 1er de septembre ? Agréez, Madame, l'assurance des sentimens que je vous ai voués. »

Nous avons sous les yeux une lettre de madame Lebrun à sa fille, madame Nigris, datée de Coppet, le 12 septembre; on trouve dans cette lettre tout ce que l'amour maternel a de plus tendre; nous nous contenterons d'en extraire ce qui se rapporte au voyage en Suisse de madame Lebrun :

« Les spectacles de la nature consolent ou distraient de bien des peines; je viens de l'éprouver plus fortement que jamais. Tu ne peux avoir l'idée des jouissances que j'ai ressenties dans nos courses en Suisse; tu ne peux te figurer tous ces tableaux, tous ces points de vue, tous ces sites si variés, si pitto-

très jeune encore, était fort jolie ; elle avait un goût passionné pour l'étude.

Madame de Staël recevait avec grâce et sans affectation ; elle laissait sa société libre toute la matinée. On ne se réunissait que le soir ; c'est après dîner seulement qu'on pouvait causer

resques. Que de choses j'aurai à te dire à mon retour! Il me semble avoir vécu dix ans depuis deux mois et demi ; ce n'est pas que le temps m'ait paru long, mais toutes mes heures ont été si intéressantes et si remplies que j'en ai pour ainsi dire fixé ou noté les intervalles. »

A la suite de cette lettre de madame Lebrun, nous trouvons un *post-scriptum* de madame de Staël à la même adresse :

« Madame votre mère, Madame, a fait de moi Corinne dans un portrait vraiment plus poétique que mon ouvrage. Je vous prie, Madame, de trouver bon que je vous remercie de l'intérêt que madame votre mère m'a témoigué ; c'est à vous qu'elle aime à rapporter ses succès. Si je n'étais pas exilée, Madame, je parlerais de mon désir de vous connaître ; nos amis communs me l'ont inspiré. Dites, je vous prie, à M. de Maleteste que je vais parler de lui et de vous avec Prosper, et que je me flatte toujours qu'il pense à moi, bien qu'il ne me l'écrive jamais. Adieu, Madame, je vous vois d'ici ; votre portrait par madame votre mère et par ses amis me persuade que nous nous connaissons déjà. »

C'est à Paris que le portrait de madame de Staël fut achevé ;

avec elle. On la voyait alors marchant dans son salon, tenant en main une petite branche de verdure; quand elle parlait, elle agitait ce rameau, et sa parole avait une chaleur qui n'appartenait qu'à elle seule; impossible de l'interrompre : dans ces instans elle me faisait l'effet d'une improvisatrice.

Pendant mon séjour à Coppet, j'y ai vu jouer *Sémiramis;* madame de Staël remplissait le rôle d'Azéma; elle a eu de beaux momens dans ce

madame Beaufort d'Hautpoul, ayant vu ce bel ouvrage, improvisa les vers suivans :

Je la vois, je l'entends; tes pinceaux créateurs
Donnent l'ame et la vie et l'esprit aux couleurs;
Voilà ses yeux brillans d'ardentes étincelles,
Ces sons mélodieux, ces cordes immortelles,
Qui de ses chants divins àccompagnent les vers,
Et la toile animée en parfume les airs.
Je ne sais qui des deux remporte la victoire :
L'une guide la main, l'autre fixe la gloire,
Et la même couronne enlace en ce tableau
Le front inspirateur et l'immortel pinceau.
Staël offrait à Lebrun un talent digne d'elle;
Lebrun méritait seul un si parfait modèle;
L'univers étonné de cet ensemble heureux
Sans choix tombe en silence au pied de toutes deux.

(*Note de l'Editeur.*)

rôle, mais son jeu était inégal. Madame Récamier mourait de peur dans son rôle de Sémiramis; M. de Sabran n'était pas trop rassuré dans son rôle d'Arsace. J'ai toujours remarqué qu'il n'y a que les comédies et les proverbes qui se jouent bien en société, mais jamais la tragédie.

De Genève je suis allée à Ferney voir la maison de Voltaire. Je l'ai trouvée bien petite et d'une telle saleté que je crois qu'elle n'a pas été nettoyée depuis que ce grand homme l'a quittée. La chambre à coucher est restée meublée. On y voit le portrait de Le Kain, à droite près de son lit. En face près de la fenêtre, ceux de madame Duchatelet, de l'abbé Delille et de quelques autres. En sortant de son petit salon, on trouve une terrasse d'où l'œil découvre les montagnes du Jura. Son jardin était en friche : ce manque de soin pour l'habitation de Voltaire m'a vraiment attristée (1).

(1) Depuis ce temps, la maison de Voltaire a été achetée par une personne qui en a fait bâtir une plus grande; mais le nouveau propriétaire a conservé et soigné celle du philosophe, qu'il laisse voir aux étrangers.

J'avais été triste aussi en voyant à l'île Saint-Pierre la maison de Rousseau changée en un mauvais cabaret (1).

(1) Dans mon séjour en Angleterre je vis aussi un manque de respect pour Milton. A Richemont, au milieu d'une prairie, se trouvait un arbre où l'auteur du *Paradis Perdu* allait s'asseoir pour écrire; eh bien ! cet arbre a été coupé.

LETTRE VII.

Genève et Chamouni.

Je ne vous dirai pas grand'chose de Genève dont il existe assez de descriptions; vous savez d'ailleurs que je ne suis pas venue en Suisse pour voir des villes. Il faut pourtant que je vous dise que Genève, toute république qu'elle est, ne connaît point l'égalité; le quartier d'en haut ne fréquente point le quartier d'en bas, et jamais un mariage ne se fait de bas en haut. Pendant mon court séjour à Genève, on m'a fait monter sur une terrasse qui domine une promenade, où les Genevois se sont battus à outrance pour empêcher l'érection de la statue de Jean-Jacques; ce grand écrivain est généralement détesté à Genève. Avant de quitter cette ville, j'ai reçu un honneur que vous me permettrez de ne pas oublier; on a daigné me donner le brevet de membre de l'Académie de Genève.

Je vous ai parlé d'une famille hollandaise avec laquelle j'avais fait connaissance à Berne, M. et madame de Brac et leur fils; nous partîmes tous ensemble pour Chamouni. Après avoir passé Saint-Martin et Bonneville, nous arrivâmes à Salange, par un chemin bordé à droite par de grands et superbes rochers dont le soleil éclairait les tons riches et variés. Nous montâmes tout en haut pour jouir de la magnifique vue du dôme du Mont-Blanc, de l'aiguille du Goûté. Le soleil couchant répandait des teintes dorées sur les hauteurs de cette masse énorme; les régions inférieures de la chaîne étaient couleur d'iris et d'opale; cette partie des glaciers n'avait pour toute lumière que le reflet du ciel. Enfin cette masse grandiose était interceptée à gauche par de hautes montagnes de sapins tout-à-fait dans l'ombre; en bas, les plaines l'étaient aussi, ce qui faisait un contraste et un repoussoir dont l'effet du Mont-Blanc n'avait pas besoin: mais ce contraste achevait le tableau. Je voulus peindre ce reflet; je saisis mes pastels; mais hélas! impossible; il n'y avait ni palette ni couleurs qui pussent rendre ces tons radieux...

Nous montâmes à Salange. Après notre déjeuner, nous partîmes aussitôt pour la vallée de Chamouni, qui ne ressemble en rien à tout ce que j'ai parcouru. De chaque côté ce sont de hautes montagnes de noirs sapins; à droite en entrant, ces tristes forêts sont entrecoupées d'énormes glaciers. On aperçoit au-dessus le Mont-Blanc, son dôme et l'aiguille du Goûté et d'autres glaciers. La source de l'Aveyron sort d'un ton sale d'une grande voûte de glace: en tout, ce lieu sauvage étonne, mais ne charme pas. Après notre déjeuner, comme il faisait un très beau temps, nous fîmes la partie d'aller voir la mer de glace. Il faut vous dire qu'il y avait quantité de voyageurs qui s'y rendaient en même temps; mais moi, pour éviter cette foule qui parlait, qui criait, je les laissai aller un peu en avant. Enfin je pars seule avec mon guide, pour éviter le train, les parlages sans fin de toute cette bande. Je vais donc pour monter à la mer de glace. Après une demi-heure de marche, je tournais un sentier très étroit sur la hauteur d'un énorme précipice, sans aucune barrière. Arrivée là, j'entends M. de Brac qui me crie : « Au nom du ciel, madame Lebrun, ne montez pas, je vous prie. » Lui, sa femme, son fils, continuent leur marche.

Je descends donc tout de suite avec mon guide : il me mène au glacier de Bosson, le plus beau de la vallée : j'en fus enchantée: ces nombreuses voûtes de glaces sont énormes de près; elles sont d'un ton transparent bleuâtre. Je m'établis pour peindre ce glacier en face, appuyant mon portefeuille sur le dos de mon compagnon; je mourais de soif. Mon guide avait un peu de vin, il m'en donna, et pour le rafraîchir il prit un petit morceau de glace. Après m'être reposée en peignant, je descends au-dessous de ce glacier; mon guide m'y cherche des fraises et m'en apporte quelques-unes qui étaient excellentes. En me promenant, je m'arrêtai encore pour peindre un point de ces montagnes bordées par un torrent; voyant une masse d'arbres superbes dans la prairie, je voulus aussi la fixer tout de suite : c'est, je crois, l'endroit le moins sauvage de la vallée.

Après cette promenade, je revins à mon auberge. Tous les voyageurs étaient de retour de la mer de glace. Ne voyant pas la famille de Brac, j'en demandai des nouvelles; on me répondit : « Hélas! le mari de cette dame s'est trouvé si mal par la frayeur que lui a causée ce chemin périlleux, qu'il a perdu connaissance. On vient de lui porter un matelas dans une petite cahute tout en haut de la montagne; sa femme se désespère ainsi que son fils. » — Me voilà bien inquiète de lui, de sa femme très avancée dans sa grossesse. Je reste devant l'auberge, attendant avec anxiété leur retour. Enfin après plus d'une heure (à la chute du jour), je vois arriver M. de Brac couché sur un brancard, le visage à moitié couvert, sa femme fondant en larmes, son fils poussant des cris déchirans: nombre de paysans entouraient et suivaient ce triste cortége, qui me fit l'effet d'un enterrement. Je ne puis exprimer la peine que j'éprouvais. Je fis porter M. de Brac mourant près de la chambre que j'habitais, ne pouvant quitter sa femme si intéressante, et si justement effrayée. Je pleurais avec elle, avec son fils. Toute la nuit, ne pouvant dormir, nous écoutions sans cesse à la porte du malade; mais hélas! nous n'entendions que des gémissemens. Nous en étions si oppressées que nous nous mîmes à la fenêtre pour respirer. Toute la nuit nous entendîmes tomber successivement des avalanches. Ce bruit sinistre ressemble à d'horribles coups de tonnerre. Nous attendions avec anxiété le matin pour savoir des nouvelles de M. de Brac; mais hélas! point de mieux. Il avait encore la même immobilité. Ce ne fut que le troisième jour qu'il commença à ouvrir les yeux, et successivement, mais lentement, son état s'améliora. Sans cette catastrophe, je serais restée peu de temps à Chamouni; mais j'y passai huit jours de plus, ne voulant pas quitter cette malheureuse famille, sans être assurée du rétablissement de M. de Brac. On m'a dit que ce qu'il avait éprouvé était une catalepsie.

Enfin j'arrangeai mon départ. Les onze jours passés à Chamouni m'avaient paru un siècle. Je croyais pouvoir partir, lorsqu'on vint me dire que les chemins étaient impraticables par la quantité d'avalanches tombées: c'était celles que j'avais entendues toutes les nuits et qui étaient fondues; la route en avait été inondée. N'étant plus utile à nos compagnons de voyage, j'étais au désespoir de rester dans ce triste Chamouni qui ne devrait être habité que par les chèvres et les chamois. Les prairies elles-mêmes ont leur tristesse; les soucis sont les seules fleurs qu'on y trouve; voilà les bouquets que vous offrent les jeunes bergères. Pour rien au monde je ne retournerais à Chamouni. Aimable comtesse, cette course est la seule où je ne vous ai point regrettée (1).

(1) Dans le séjour prolongé que j'ai fait à Chamouni, j'ai peint toute la ligne des montagnes entrecoupées de glaciers; j'ai peint aussi toute la vallée.

LETTRE VIII (1).

Neuchâtel; Lucerne, chûte du Goldau.

L'an dernier, mes courses en Suisse m'avaient procuré trop de jouissances, Madame, pour que je n'eusse pas le désir et le besoin de revoir cette intéressante région; je suis donc revenue dans cette contrée de mœurs naïves et de beaux paysages. L'année dernière, j'avais fait mon entrée en Suisse par Bâle; cette fois-ci, c'est par Neuchâtel. La ville de Neuchâtel est bâtie

(1) Cette lettre et les suivantes sur la Suisse appartiennent au second voyage que j'ai fait en 1809.

en amphithéâtre ; le lac, dont la longueur est de sept lieues et la largeur de trois lieues, porte un caractère de grande majesté; l'eau est vive et transparente. C'est un peu avant le coucher du soleil et hors de la ville, sur la hauteur, que j'ai le mieux joui de la vue du lac. J'avais en face les montagnes de la Savoie et les glaciers; la grande ligne des Alpes, à l'extrémité du lac, se colorait d'un ton rougeâtre; à gauche, plus près, s'élevaient les montagnes de Moutiers-Travers qui se détachaient en violet bleuâtre sur le ciel doré par le soleil couchant. Neuchâtel, qui se trouvait en avant, formait un repoussoir vigoureux et pittoresque.

Je suis allée de Neuchâtel à Lucerne. Je vous recommande bien, Madame, quand vous irez de ces côtés, de gravir l'Albis. De là on découvre une des plus belles vues de la Suisse : dans le lointain, à droite, on voit plusieurs lacs entourés de hautes montagnes qui, aux premiers rayons du soleil (moment où j'ai joui de cette vue), sont enveloppées d'une légère vapeur bleuâtre, d'un effet magique. C'est comme un beau rêve aérien. Je suis allée par cette montagne à Lucerne. Le canton de Lucerne est le plus pittoresque et le plus sauvage de la Suisse : près de la ville, en bas et sur les hauteurs, partout le peintre a de quoi s'enrichir l'imagination par les beaux contrastes des points de vue.

En s'arrêtant sur le pont, l'aspect du lac est effrayant par la sévérité des montagnes qui l'entourent et dont il est entrecoupé : la première, à droite, est le Mont-Pilate, dont on n'a jamais pu gravir le sommet stérile : il est si élevé qu'il est presque toujours entouré de gros nuages : plus bas sont d'autres monts tout cultivés et du plus beau vert; plus bas, des maisons de campagne bordent le lac. A gauche est le Rigi qui, comme le Pilate, domine aussi les autres monts qui l'environnent; mais les voyageurs y peuvent monter pour jouir de la vue la plus immense de la Suisse (1). Ce qui ajoute à l'austérité du lac est la couleur de ses eaux, plus

(1) La lettre de M. Raoul Rochette, sur sa course au Rigi, est si parfaite par sa description, que l'on y voyage avec lui.

verte et plus foncée que celle des autres eaux. Il est souvent furieux; je l'ai traversé avec beaucoup de vagues, et aussi beaucoup de peur, d'autant que je ne voyais d'autre barque que la mienne. Je savais que dans le mauvais temps on ne peut aborder; vers le milieu du trajet que j'avais à faire, j'aperçus, à droite, la tour et le clocher de Stanzstrade qui se détachait en demi-teinte douce súr ces coteaux de la plus belle végétation. Le soleil rendait ces couleurs radieuses.

Les montagnes qui surmontaient ces coteaux avaient aussi un ton fin et délicat qu'elles empruntaient de la vapeur du lac, et qui en adoucissait les effets. La montagne à gauche, dont la teinte était en ombre vigoureuse, faisait un contraste frappant. Je me suis fait débarquer à Stanz pour parcourir cette charmante vallée, la plus belle de la Suisse: on y voit les plus beaux noyers, des prairies du plus beau vert, des collines boisées, des montagnes cultivées et couvertes de châlets sur leurs hauteurs; et plus bas, de jolies maisons de campagne. En montant sur les collines qui l'entourent, on jouit du coup d'œil le plus ravissant : et la vue des villages épars çà et là, dont les toits, rouge foncé, se détachent si bien au milieu des différentes verdures, rend ce coup d'œil pittoresque et riant tout à la fois. Le mont Pilate et le Rigi dominent aussi cette délicieuse vallée.

Après m'y être beaucoup promenée, je me suis rembarquée, et suis descendue à Brown, autre vallée charmante. Les vergers, les prairies y bordent une petite rivière, la plus claire et la plus limpide que j'aie jamais vue. Ce sont des lames de cristal, des diamans qui courent avec rapidité. Après plus d'une heure de marche, je suis arrivée au bourg de Schwitz; c'est là que j'ai vu les plus jolies maisons. Elles sont situées sur une hauteur entourée d'un vallon fertile. L'auberge où je logeais se trouve en face de l'église, qui est assez élevée : j'avais pour point de vue le cimetière, rempli de croix chargées d'ornemens noirs et dorés : immédiatement au-dessous se trouve un abri où les gens du pays viennent danser ou jouer à différens jeux :

ces morts au-dessus des vivans me donnaient à rêver; vous en auriez fait autant.

Je suis allée de Lucerne à Zug; le chemin est bordé de collines très habitées. C'était le temps de la moisson : nous rencontrâmes quantité de moissonneurs et de moissonneuses rangés autour de leurs chars de transport; ils les avaient ornés de branches et de fleurs; ils chantaient et dansaient en réjouissance de leur bonne récolte.

J'ai traversé le lac de Zug, qui est charmant; ses bords sont entourés de jolis coteaux couverts de maisons; on y voit les hautes montagnes de Schwitz.

Arrivées à l'auberge du Zug, la maîtresse, qui sait très bien le français, nous parla de la chûte de Goldau; elle y avait perdu une tante, et avait failli y perdre ses deux filles, qui devaient ce même jour la venir voir. Elle nous raconta la catastrophe. Onze voyageurs qu'elle avait eus chez elle s'embarquèrent pour Goldau. Quatre d'entre eux voulurent entrer dans l'église d'Art; les autres compagnons continuèrent leur route disant : « Nous ne voulons pas perdre de temps pour arriver à Goldau.» Sortis de l'église, les quatre voyageurs virent l'horrible spectacle de la chute de la montagne dont les pierres entourées de sables, d'arbres, n'avaient fait aucun bruit. Cette chute venait d'ensevelir leurs amis dont deux étaient avec leurs femmes et d'autres parens. Une jeune personne promise à un jeune homme, avait été aussi engloutie. Les quatre voyageurs échappés à ce cruel malheur, revinrent à l'auberge les yeux égarés et pleurant à chaudes larmes. La maîtresse de l'auberge leur demanda pourquoi ils étaient si tôt de retour? « Hélas! dirent-ils, vous voyez le reste de notre compagnie.» L'un de ces voyageurs a perdu entièrement la tête. On fit des fouilles, on n'a pu y retrouver qu'une mère et son enfant : on les a enterrées aux *deux croix noires;* comme par miracle, on a aussi découvert un enfant tout vivant dans son berceau. Les habitans des environs de Goldau ont été profondément émus de ce désastre; parmi eux, il y en avait qui se croyaient à la fin du monde.

Je quittai à regret de belles vallées, pour aller, à peu de distance de là, voir cette fameuse chute de la montagne de Goldau. Imaginez-vous, Madame, que cette montagne a englouti l'espace de sept lieues de circonférence; avant ce désastre, ce pays offrait la plus délicieuse vallée parsemée de différens villages, entourée de la plus fraîche végétation, habitée par les meilleures gens du monde : à présent, ce ne sont que rochers et pierres énormes accumulées les unes sur les autres; des torrens de sable entrecoupés de mares d'une eau verte et stagnante. Des forêts entières ont été entraînées dans cette horrible chute.

Au moment où j'ai voulu m'établir pour peindre ce désastre, j'entendis une détonation telle que je crus que c'était une nouvelle chute de la montagne. J'étais seule dans mon char-à-bancs; je ne puis rendre ma frayeur. On vint heureusement me dire qu'on y faisait sauter des rochers pour ouvrir un chemin; mais les travailleurs cessèrent pour me laisser peindre. On voit sur le lac de Lovers, qui est dans le voisinage, des débris de maisons épars çà et là, ainsi que des pierres énormes, débris de l'éboulement. Dans le lac de Lovers, on aperçoit encore les débris de la maison de l'ermite, qui était bâtie sur une petite île au milieu du lac. Je suis montée à travers des rochers pour visiter en détails le théâtre de la catastrophe; je n'ai plus vu de verdure, plus d'habitations; cela ressemblait à la fin du monde! Au milieu de ce chaos, je ne puis vous exprimer mon effroi et la peine que j'éprouvais en pensant aux malheureux engloutis sous mes pas; j'errai long-temps dans ce lieu funèbre qui remplissait mon ame de tristesse. Je m'arrêtais à chaque instant. Tout à coup j'aperçois deux petites croix noires tout près l'une de l'autre: c'étaient les deux fosses de la mère et de l'enfant qui avaient été trouvés dans les sables par les ouvriers employés à pratiquer un petit chemin pour les char-à-bancs. Ces deux croix noires forment le seul monument de ce vaste cimetière, et c'est à peine si on le découvre dans cette immensité. J'ai peint d'après nature ce triste lieu. De là, je suis allée m'embarquer à Art : ensuite j'ai monté à Kusmach pour voir la chapelle de Guillaume Tell, érigée à l'endroit où il a tué Gessler. Cet endroit me parut charmant; c'était vers le soir : j'entendais dans un vallon chanter un berger et sa bergère. Le berger était caché dans un bois sur la hauteur, la bergère était dans le vallon appuyée sur une fontaine (car c'est ainsi qu'ils se parlent d'amour). Ils se répondaient comme par écho : si tôt qu'ils nous ont aperçus, ils ont cessé leurs chants. Cette correspondance d'amour qui se faisait par mélodie, offrait une gracieuse scène pastorale : c'était une églogue en action.

LETTRE IX.

Undersée; la fête des bergers.

Voilà bien des lettres que je vous ai écrites, Madame; je vous ai associée à toutes mes impressions, à toutes mes pensées de voyage, et vous savez maintenant quelle est ma manière de voir la Suisse; mais je ne vous ai pas encore dit ma manière d'être en voiture. Lorsque je suis en route à travers ces belles régions de la Suisse, je ne parle pas, je ne dis pas un mot dans ma calèche. Je suis ainsi muette même avec mon Adélaïde qui pourtant me comprend si bien;

bien souvent je fais arrêter ma voiture pour peindre les sites qui me plaisent, et alors je me borne à dire : *Adélaïde*, faites-moi donner mes *pastels*. En voyageant j'ai un si grand besoin de me croire seule, que je me suis fait arranger dans ma voiture un rideau qui m'isole entièrement : partout et toujours mes contemplations sont silencieuses.

Cette lettre sera la dernière où je vous parlerai de la Suisse ; je terminerai mes récits par celui de la fête des Bergers, qui se célèbre à Undersée ; fête solennelle et touchaute à laquelle je suis bien aise d'avoir assisté. Me trouvant à Lucerne une seconde fois, je retournai à Berne pour gagner Thoun, et arriver à Undersée quelques jours avant la fête des Bergers. Le chemin de Berne à Thoun est le plus délicieux du monde avec ses points de vue variés et ses nombreuses habitations. La ville de Thoun, dominée par un vieux château crénelé, offre un aspect très pittoresque. La variété des sites donne un grand charme au passage du lac ; parmi les sites du lac, il en est de gracieux et d'imposans, de gais et de sauvages; ils sont couverts de villages et de châteaux.

C'est ainsi que je suis arrivée à Undersée, près d'Underlach. Je savais que M. Konig m'avait préparé un logement, et je me suis rendue chez lui. J'ai trouvé effectivement une chambre charmante, un lit tout neuf avec des rideaux verts. Il y avait, dans la maison de M. Konig, table d'hôte pour tous les étrangers de distinction qui venaient à la fête des Bergers. Avant d'aller plus loin, j'ai hâte de dire que M. et madame Konig n'ont pas voulu accepter une maille pour les quinze jours que j'ai passés dans leur maison: « Nous avons été si heureux de vous re« cevoir ! » me disaient-ils (1). M. Konig dessinait le paysage; ses costumes de Suisses reçoivent un double intérêt de la manière dont il les a groupés, ce qui les rend supérieurs à ceux

(1) Le seul témoignage de reconnaissance que j'aie pu faire accepter à M. et madame Konig, c'est mon portrait à l'huile que je leur ai envoyé de Paris. M. Konig est venu à Paris montrer des tableaux de lui en transparens; je les ai eus chez moi, et tout le monde en était enchanté.

que d'autres ont faits avant lui. J'ai parcouru avec M. Konig les environs d'Undersée, qu'il dessinait avec facilité et talent.

Une végétation grande et variée caractérise le canton d'Undersée; on ne voit nulle part d'aussi beaux arbres, des prairies d'un plus beau vert, des maisons de paysans aussi pittoresques. Le Iung-Frau, une des plus hautes montagnes de neige, surmonte d'immenses montagnes de sapins, dont la sombre verdure forme avec la neige un contraste frappant. A Gantz, ce sont d'âpres rochers d'une belle couleur, et la vue du pont d'Undersée est des plus pittoresques. Des deux côtés sont de longues et larges écluses qui coulent en sens divers, ce qui fait un coup d'œil magique. Le bruit de ces différentes cascades, la limpidité de ces eaux bordées à l'extrémité par des îles charmantes, offre un spectacle qui rappelle à l'imagination les jardins d'Armide.

La veille de la fête, au soir, la pluie, qui nous contrariait depuis quelque temps, cessa. Nous étions tous au château du bailli; la cour était remplie de monde, tous les bergers et les bergères y étaient rassemblés : à neuf heures le bailli donne le signal, et à l'instant, sur la montagne vis-à-vis du château, part un feu d'artifice qui éclaire au même moment tous ces groupes ; bergers et bergères chantent aussitôt en chœur une musique pastorale et harmonieuse. De tous côtés aussi s'allument les feux que l'on avait préparés sur les hautes montagnes qui entourent ce riant vallon ; les cors des Alpes se répondent. Le premier moment fut si attendrissant, si solennel, que les larmes m'en vinrent aux yeux. Je ne fus pas la seule qui éprouvai cette émotion : elle nous venait de l'ensemble du pays et des habitans. En retournant à ma maison, je jouis encore des effets de ces feux, qui paraissaient être de petits volcans de distance en distance ; la fumée ajoutait encore à l'effet ; en recevant la lumière, elle agrandissait les masses rougeâtres, au milieu de la nuit noire qu'il faisait. J'ai regretté qu'il n'y eût pas de lune, elle aurait ajouté au charme de ce tableau (1).

(1) J'ai réfléchi que les effets de la lune auraient détruit ce-

Le lendemain le temps, qui nous avait inquiétés la veille au soir, s'éclaircit à neuf heures. Tout le monde part de tous les côtés pour se rendre au lieu de la fête : j'arrive à dix heures et demie, et dès l'entrée je suis ravie du plus charmant coup d'œil possible : imaginez-vous un amphithéâtre de verdure couronné par une haute montagne de la plus belle végétation; plus bas, à gauche, des gradins de verdure ombragés et entrecoupés d'arbres clairs et légers; à mi-côte, un peu sur la hauteur, s'élève une ruine nommée d'Unspunnen, reste d'un vieux château, entourée de lierres, qui se détachait en demi-teinte sur une énorme montagne de sapins entrecoupée de champs cultivés. Lorsque j'arrivai, ces lieux étaient remplis de monde, le soleil radieux éclairait des groupes de paysans de diverses cantons, assis sur la hauteur ; au milieu des différentes couleurs de tant de costumes on ne pouvait distinguer aucun personnage; à cette distance cette multitude faisait l'effet d'un superbe champ de reines-marguerites ; puis

lui des feux qui ressortissait avec vigueur sur le haut des montagnes où ils étaient placés.

d'autres groupes s'avançaient plus haut vers la tour (1); plus haut, plusieurs aussi s'étaient réunis et formaient, dans la prairie, le cercle destiné aux exercices, ce qui variait encore le point de vue. Enfin, c'était un coup d'œil enchanteur: le plus beau temps embellissait la fête. Après en avoir joui, je vais m'asseoir sur les bancs disposés pour les étrangers, en face du cercle où devaient avoir lieu les jeux des lutteurs et des lanceurs de pierres, formé par les bergers et bergères.

Je me trouvai justement et heureusement à côté de madame de Staël. Peu d'instans après, nous entendîmes une musique religieuse chantée parfaitement par de jeunes bergères, puis aussi le ranz des vaches. Les bergères étaient précédées par le bailli et par les magistrats. Puis venaient des paysans de divers cantons, tous vêtus de différens costumes; des hommes à cheveux blancs portaient les bannières et les hallebardes

(1) Cette tour est la ruine du château d'Unspunnen, que possédait Berthold, fondateur de Berne. C'est en mémoire de lui que se donne cette fête patriotique.

de chaque vallée. Ils étaient vêtus comme on l'était, il y a cinq siècles, lors de la conjuration de Rutti. Ces vieux temps étaient représentés par ces vénérables vieillards. Enfin madame de Staël et moi, nous fûmes si émues, si attendries de cette procession solennelle, de cette musique champêtre, que nous nous serrâmes la main sans pouvoir nous dire un seul mot; mais nos yeux se remplirent de douces larmes. Je n'oublierai jamais ce moment de sensibilité réciproque. Après cette procession, les jeux commencèrent. Douze montagnards et ceux de la vallée lancèrent d'énormes pierres, du poids de quatre-vingts livres, de dessus leurs épaules avec une force incroyable. Le jeu des lutteurs commença ensuite. Ils montrèrent tous une agilité et une force étonnante. Lorsque les exercices de la fête furent terminés, le bailli distribua les prix aux vainqueurs. Des hymnes furent encore chantés à la prospérité du pays; puis le ranz des vaches se fit entendre. Après cette cérémonie, tout le monde se dispersa, et partout des groupes chantaient, dansaient, valsaient et mangeaient. On avait dressé plusieurs tentes avec des tables; plusieurs étrangers s'y établirent pour dîner. Les paysans faisaient leur cuisine en plein air. C'était le coup d'œil le plus varié, le plus vivant que j'aie jamais vu. Cette fête m'a donné l'idée de la vie, comme la chûte de Goldau m'avait donné l'idée de la mort. Jamais je ne vous ai tant regrettée, Madame; car vous saurez que cette fête n'a lieu que tous les cent ans; c'était le cinquième jubilé national (1).

(1) Après la fête, madame de Staël alla se promener avec le duc de Montmorency; moi, je m'établis sur la prairie pour peindre le site et les masses de groupes. Le comte de Grammont tenait ma boîte au pastel. L'aspect de cette fête est peint à l'huile; M. le prince de Talleyrand possède ce tableau.

Dans le récit de mes deux voyages en Suisse, je n'ai pu indiquer d'une manière complète les paysages que j'ai dessinés d'après nature; j'ai fait environ deux cents paysages au pastel.

CHAPITRE XIII

Louveciennes. — Madame Hocquart. — Le 21 mars 1814. — Les étrangers. — Le pavillon de Louveciennes. — Louis XVIII. — Le 20 mars 1815. — La famille de Louis XVIII.

A mon retour de Suisse, ne désirant pas habiter Paris l'été, j'achetai, à Louveciennes, la maison de campagne que j'ai encore. Je fus séduite par cette vue, si étendue que l'œil peut y suivre pendant long-temps le cours de la Seine; par ces magnifiques bois de Marly, par ces vergers délicieux, si bien cultivés que l'on se croit dans la terre promise; enfin, par tout ce qui fait de Louveciennes un des plus charmans environs de Paris.

Une jouissance de plus pour moi dans mon établissement champêtre, était d'avoir pour voisines madame Pourat et sa fille, la comtesse Hocquart : madame Hocquart est une de ces femmes distinguées avec lesquelles on aimerait à passer sa vie. Son esprit, sa gaieté naturelle, me l'avait toujours fait rechercher, et c'était une bonne fortune que de loger près d'elle. Parmi plusieurs talens qu'elle possédait, elle en avait un si remarquable pour jouer la comédie, que, dans certains rôles, on pouvait la comparer, sans aucune flatterie, à mademoiselle Contat. Il en résultait qu'il y avait assez souvent spectacle au château, et la foule venait de Paris pour applaudir madame Hocquart.

En arrivant à Louveciennes, je m'étais empressée d'aller visiter le pavillon que j'avais vu au mois de septembre 1789 dans toute sa beauté. Il était entièrement démeublé, et tout ce qui l'ornait du temps de madame Dubarry avait disparu. Non-seulement les statues, les bustes étaient enlevés, mais aussi les bronzes des cheminées, les serrures travaillées comme de l'orfèvrerie; enfin, la révolution avait passé là comme partout. Toutefois, il restait encore les quatre murs, tandis qu'à Marly, Sceaux, Belle-Vue, et tant d'autres endroits, il ne reste que la place.

Pendant les premières années qui suivirent mes voyages en Suisse, ayant enfin pris le goût du repos, joint à celui que j'avais toujours eu pour la campagne, je partais pour Louveciennes avant les premières feuilles, en sorte que j'y étais tout établie lorsque les alliés s'avancèrent sur Paris. Chacun sait que les troupes étrangères ont beaucoup plus maltraité les villages que les villes; aussi n'oublierai-je jamais ma nuit du 31 mars 1814.

Ignorant que le danger fût si prochain, je n'avais pas encore médité ma fuite; il était onze heures du soir, et je venais de me mettre au lit, lorsque Joseph, mon domestique, qui était Suisse, et qui parlait allemand, entra dans ma chambre, pensant bien que j'aurais besoin d'être protégée. Le village venait d'être envahi par les Anglais et les Prussiens, qui mettaient toutes nos maisons au pillage, et Joseph était suivi de trois soldats à figures atroces, qui, le sabre à la main, s'approchèrent de mon lit. Joseph s'égosillait à leur dire en allemand que j'étais Suisse et malade; mais sans lui répondre, ils commencèrent par prendre ma tabatière d'or qui était sur ma table de nuit. Puis ils tâtèrent si je n'avais point d'argent sous ma couverture, dont l'un se mit tranquillement à couper un morceau avec son sabre. Un d'eux, qui paraissait Français, ou du moins qui parlait parfaitement notre langue, leur dit bien : *Rendez-lui sa boîte;* mais, loin d'obéir à cette invitation, ils allèrent à mon secrétaire, s'emparèrent de tout ce qui s'y trouvait, et mes armoires furent pillées (1). Enfin, après m'avoir fait passer quatre

(1) Je n'en fus pas quitte pour cette fois. Au retour des étrangers en 1815, il revint des Anglais à Louveciennes; ils me prirent, entre autres choses, un superbe coffre de lacque, que j'ai beaucoup regretté, parce qu'il m'avait été donné à Pétersbourg par mon ancien ami le comte Strogonoff.

heures dans la terreur la plus affreuse, ces terribles gens quittèrent ma maison, où je ne voulus pas rester davantage.

Mon désir aurait été de gagner Saint-Germain, mais la route était trop peu sûre. J'allai me réfugier chez une excellente femme, qui logeait au-dessus de la machine de Marly, près du pavillon de madame Dubarry. D'autres femmes, effrayées comme moi, avaient déjà choisi cet asile. Nous dînions toutes ensemble, et nous couchions six dans une même chambre, où il me fut impossible de dormir, les nuits se passant en alertes continuelles, outre que j'éprouvais les plus vives inquiétudes pour mon pauvre domestique à qui je devais la vie. Cet honnête garçon avait voulu rester dans ma maison, afin de tenir tête aux soldats, et de répondre à leur exigence, ce qui me faisait trembler pour lui, car le village était de fait livré au pillage. Les paysans bivouaquaient dans les vignes, et couchaient sur la paille en plein air, après avoir été dépouillés de tout ce qu'ils possédaient. Plusieurs d'entre eux venaient nous trouver, se lamenter sur leurs malheurs, et ces tristes récits, qu'accompagnait le bruit sinistre de la machine, nous étaient faits dans le magnifique jardin de madame Dubarry, près du *Temple de l'Amour* entouré de fleurs, par le plus beau temps du monde!

J'étais tellement effrayée de tout ce qu'on venait nous raconter, ainsi que des canonnades ou fusillades que nous entendions sans cesse, qu'un soir j'essayai de descendre dans un souterrain où je voulais rester; mais je me fis mal à la jambe et fus obligée de remonter.

La dernière affaire eut lieu à Roquancourt; on se battit aussi près du château de madame Hocquart, fort voisin de l'endroit où j'étais. Nous sûmes que, le combat fini, les Prussiens avaient saccagé de fond en comble la maison d'une dame très bonapartiste, qui, pendant qu'on se battait, criait de sa terrasse aux Français : Tuez-moi tous ces gens-là! Les vainqueurs, qui l'avaient entendue, entrèrent dans son château dont ils cassèrent toutes les glaces et tous les meubles, tandis qu'en chemise, sans souliers, elle s'enfuyait jusqu'à Versailles, où elle pouvait trouver un asile.

Quoique nous fussions assez mal informées des nouvelles de Paris, il était facile de voir que les bourgeois de Louveciennes, qui se réunissaient tous les soirs dans le lieu que nous habitions, espéraient le retour des Bourbons autant qu'ils le désiraient. Enfin le maire, dont la conduite avait été aussi honorable qu'énergique, se montra dans le village, entouré de tous les braves gens du pays, et revêtu d'une écharpe blanche. Le lendemain nous étions tous rassemblés dans le jardin, lorsqu'on nous dit que M. Daguet (1), un des plus honnêtes habitans de Louveciennes, était là, et qu'il annonçait l'arrivée de M. le comte d'Artois. Cette nouvelle me donna tant de joie, qu'oubliant que j'étais dans un jardin, je m'écriai : « Faites entrer M. Daguet ! faites entrer M. Daguet ! » ce qui fit rire mes compagnons d'infortune.

(1) C'est M. Daguet que le Roi chargea de distribuer ses bienfaits aux pauvres.

Je partis aussitôt pour Paris, laissant, à mon grand regret, le bon Joseph à Louveciennes pour garder ma maison. J'ai conservé les lettres que je recevais alors de ce fidèle serviteur, qui gémissait de voir mon jardin ravagé, ma cave mise à sec, ma belle cour détruite, et mes appartemens saccagés. « Je les supplie, » m'écrit-il, « d'être moins méchans, de se contenter de ce que je leur donne. Ils me répondent : Les Français ont fait encore bien pis chez nous. » En cela les Prussiens avaient raison ; mon pauvre Joseph et moi, nous étions victimes du mauvais exemple.

C'est le 12 avril 1814 que j'eus la jouissance de voir entrer M. le comte d'Artois dans Paris. Il m'est impossible de décrire les douces sensations que ce jour me fit éprouver ; je versais des larmes de joie, de bonheur. On sait assez avec quel enthousiasme la grande majorité des Parisiens reçut nos princes. Comme on demandait à M. le comte d'Artois des nouvelles du roi, qu'il précédait, il répondit : « Il a toujours mal aux jambes, mais sa tête est excellente, nous marcherons pour lui, il pensera pour nous; l'expérience a prouvé toute la justesse de ce mot, car l'esprit, et surtout la raison de Louis XVIII, étaient bien nécessaires pour affermir la restauration à l'époque où le parti bonapartiste était encore aussi nombreux.

Enfin lui-même entra dans Paris, apportant le pardon et l'oubli pour tous; j'allai le voir passer sur le quai des Orfèvres; il était dans une calèche, assis à côté de madame la duchesse d'Angoulême; la Charte qu'il venait de faire proclamer ayant été reçue avec des acclamations de joie, l'ivresse de la foule était grande et générale; toutes les fenêtres étaient pavoisées sur son passage; les cris de *vive le roi!* s'élevaient jusqu'au ciel, poussés avec tant d'élan et de si bon cœur, que j'en étais attendrie à un point que je ne puis dire. On lisait tour à tour sur la figure de la duchesse d'Angoulême, et la satisfaction que lui causait un pareil accueil, et la pénible expression des souvenirs qui devaient l'assiéger; son sourire était doux mais triste; effet bien naturel, car elle suivait le chemin que sa mère avait suivi naguère en allant à l'échafaud, et elle le savait; toutefois les acclamations qu'excitaient la vue du roi et la sienne devaient consoler ce cœur affligé. Ces acclamations les suivirent jusqu'aux Tuileries, où la foule qui remplissait le jardin fit éclater les mêmes transports; on chantait, on dansait devant le château; le roi alors parut à une fenêtre, envoyant mille baisers au peuple, ce qui porta l'ivresse à son comble.

Le soir il y eut grand cercle aux Tuileries; une immense quantité de femmes s'y trouvèrent; le roi parla à toutes avec une grâce parfaite, et rappela même à plusieurs d'entre elles diverses anecdotes flatteuses sur leur famille.

Comme j'avais un extrême désir de revoir de près Louis XVIII, j'allai me mêler à la foule qui se pressait le dimanche dans la galerie pour le voir passer quand il allait à la messe; j'étais placée avec tout le monde en face des fenêtres, en sorte que le roi pouvait nous distinguer parfaitement : dès qu'il m'aperçut il vint à moi, me donna la main de l'air le plus aimable, et me dit mille choses flatteuses sur la joie qu'il avait à me retrouver : comme il resta quelques instans ainsi, me tenant toujours la main, et qu'il ne s'approcha d'aucune autre femme, ceux qui nous regardaient me prirent sans doute pour une très grande dame, car, dès que le roi fut passé, un jeune officier, qui me voyait seule, vint m'offrir son bras et ne voulut jamais me quitter qu'il ne m'eût accompagnée jusqu'à ma voiture.

La plupart des personnes qui revenaient avec nos princes étaient ou mes amis ou mes connaissances. Il était bien doux, après tant d'années d'exil, de se trouver réunis de nouveau dans sa patrie; mais hélas! ce bonheur ne dura que peu de mois, et tandis que nous nous réjouissions de notre sort, Bonaparte débarquait à Cannes!

J'ai pu, comme tout le monde, comparer l'accueil qu'il reçut de la capitale à celui que naguère on avait fait au roi. Ce fut le 19 mars à minuit que Louis XVIII et toute la famille royale quittèrent Paris. Napoléon rentra le 20;

mais quoiqu'il fût ramené par l'armée, soutenu par les baïonnettes, les Parisiens n'en étaient pas moins dans un état de stupeur. Chacun savait trop bien qu'il rapportait à la France la guerre et la ruine; aussi les cris de *vive l'empereur!* étaient-ils fort rares. Soit hasard, soit calcul, il n'entra point de jour; ce fut à neuf heures du soir qu'il reprit possession des Tuileries, entouré de militaires exaltés et de toute une population morne et triste. Les cours remplies de troupes donnoient au palais de nos princes l'aspect d'un château pris d'assaut.

Le roi cependant s'était retiré à Gand, et je me souviens que des gens du peuple chantaient tout haut dans les rues de Paris: *Rendez-nous notre paire de gants, rendez-nous notre paire;* je n'ai pas oublié non plus le mot d'une bouquetière, qui, pour n'être pas un propos de salon, n'en est que plus caractérisé: je passais sur le boulevard de la Madeleine, et j'entendis une femme qui vendait des bouquets, dire à une autre: « Eh bien? il n'y a plus rien à faire sur tes lis et je vends toujours mes violettes. » — « C'est vrai, répond l'autre, tes violettes, il est bien aisé de faire dessus, mais sur les lis je t'en défie.»

Sans insulter à la mémoire d'un grand capitaine et aux braves généraux et soldats qui l'ont aidé à remporter de si belles victoires, on peut se demander où ces victoires nous ont conduits, et s'il nous reste un pouce de cette terre qui nous avait coûté tant de sang. Pour mon compte, j'avoue que les bulletins de la campagne de Russie me navraient et me révoltaient; dans un des derniers, après avoir parlé de milliers de soldats français que nous avions perdus, on finissait ainsi: l'empereur ne s'est jamais si bien porté. Nous lisions ce bulletin chez mesdames de Bellegarde, il nous indigna tellement que nous le jetâmes au feu.

Ce qui peut attester combien le peuple était las de ces guerres éternelles, c'est le peu d'enthousiasme qu'il montra pendant les Cent Jours. Plus d'une fois alors, j'ai vu Bonaparte paraître à sa fenêtre, et se retirer aussitôt, très en colère sans doute, car les acclamations se bornaient aux cris d'une centaine de petits gamins que l'on payait, je crois, par dérision, pour leur faire dire : vive l'empereur! Que l'on compare cette indifférence de la population à la joie que fit éclater le retour du roi, qui rentra dans Paris le 8 juillet 1815; cette joie était presque générale, car, après tant de malheurs qu'un autre que lui venait de causer, Louis XVIII rapportait la paix.

Dès lors on put juger combien ce prince joignait de sagesse et d'habileté aux qualités brillantes de son esprit. Les circonstances étaient difficiles, et l'on n'en vit pas moins la France et son roi sortir dignement de l'abîme où Bonaparte les avait plongés. Louis XVIII était bien réellement le monarque qui convenait à l'époque; à beaucoup de courage et de sang-froid il unissait de l'élévation d'ame et une grande finesse d'esprit; toutes ses manières étaient royales; il donnait facilement et avec munificence; il se plaisait à protéger les arts, et les lettres, qu'il cultivait lui-même; ses traits n'étaient point dépourvus de beauté, et leur expression avait tant de noblesse que, tout infirme qu'il était, son premier abord imprimait un respect involontaire.

Son délassement favori était de causer littérature avec quelques gens d'esprit; dans sa jeunesse il avait fait de fort jolis vers, et son style était celui d'un homme de lettres spirituel; comme il savait parfaitement le latin, il aimait à s'entretenir dans cette langue avec nos plus savans latinistes; sa mémoire était prodigieuse, il pouvait toujours citer les endroits les plus remarquables d'un livre qu'il avait lu rapidement, d'une pièce qu'il avait vue une fois. Ducis ayant quitté sa retraite pour aller lui présenter ses hommages (1), le roi le reconnut, le reçut à merveille, et lui récita les plus beaux vers de son *OEdipe*, dont le vieux poète se souvenait à peine.

Louis XVIII aimait beaucoup la Comédie Française; il allait souvent à ce théâtre, et il appréciait surtout le talent de Talma; lorsqu'il arri-

(1) Ducis, avant la révolution, avait occupé un emploi dans la maison de Monsieur.

vait que ce grand acteur, se trouvant semainier, portait les flambeaux pour le conduire à sa loge, le roi s'arrêtait toujours long-temps à causer avec lui, et ces conversations avaient lieu en anglais que tous les deux parlaient aussi bien que leur langue. On m'a rapporté que Talma disait : « Je préfére la grâce de Louis XVIII à la pension de Bonaparte. »

Cette grâce en effet est le plus grand charme des princes, elle double le prix du moindre don. Sous ce rapport, M. le comte d'Artois ne le cédait en rien à son frère. On n'a point oublié cette foule de mots heureux, marqués au coin de la bonté, qui lui gagnaient les cœurs. Lorsqu'après la mort de Louis XVIII il fut devenu roi, je me trouvais au Louvre le jour où il distribuait les médailles aux peintres et aux sculpteurs. Avant de les donner, il dit de l'air le plus gracieux : *Ce ne sont pas des encouragemens, mais des récompenses.* Tous les artistes furent touchés de ce qu'il y avait de fin et de flatteur dans ces paroles.

Il m'aperçut dans la foule, vint à moi, et me

témoigna si vivement la joie qu'il avait à me revoir, à me retrouver bien portante, que j'eus peine à retenir des larmes de reconnaissance; car personne ne savait mieux que lui trouver le mot qui vous allait au cœur.

Si M. le duc de Berri n'avait peut-être pas toute la grâce de son père, il en avait l'esprit, et surtout l'esprit d'à-propos si utile aux princes. J'en choisis un exemple entre mille. La première fois qu'il passa des troupes en revue, il entendit partir des rangs quelques cris de : vive l'Empereur! — « Vous avez raison, mes amis, dit-il aussitôt, il faut que tout le monde vive.» Alors ces mêmes soldats crièrent : Vive le duc de Berri!

La bonté de son cœur était si grande que non seulement il s'intéressait à tout ce qui touchait ses amis, mais qu'il se conduisait avec les gens de sa maison comme aurait pu le faire un père de famille. Il était adoré de tous ses domestiques et se servait de cette influence pour les encourager dans la bonne conduite, et les engager à placer les économies qu'ils pouvaient faire. Un jour, comme il allait monter en voiture, un petit garçon de cuisine court vers lui, disant : « Mon prince, j'ai économisé quinze francs cette année. » — « Eh bien, mon enfant, cela t'en fait trente, » répondit le duc de Berri, qui lui doubla la somme.

Lui-même mettait beaucoup d'ordre dans son revenu ; ses plus fortes dépenses étaient occasionées par le goût qu'il avait pour les arts, goût que partageait son aimable femme. La duchesse de Berri aimait à encourager les jeunes artistes ; elle achetait leurs tableaux et leur en commandait fort souvent. La générosité avec laquelle elle payait ne la dispensait jamais de mettre une grâce parfaite dans tous ses rapports avec les hommes de talent.

Je n'oserais parler de madame la duchesse d'Angoulême. Que dirais-je qui ne soit au-dessous du vrai ? Les vertus de cette princesse sont connues du monde entier, et je craindrais d'affaiblir ce qu'en dira l'histoire. On sait de même que le sort l'unissait à un prince dont l'ame pure était digne de l'apprécier.

Telle était la famille que nous ramenait la restauration. C'est aux hommes politiques qu'il appartient d'expliquer comment tant de vertus et de bonté n'ont pas suffi pour lui conserver le trône; mon cœur reconnaissant ne doit que le regretter.

CHAPITRE XII.

Le grand portrait de la reine. — M. Briffaut. — M. Aimé-Martin. — Désaugiers. — Gros. — Je fais le portràit de la duchesse de Berri.

Sous Bonaparte on avait relégué dans un coin du château de Versailles le grand portrait que j'avais fait de la reine entourée de ses enfans. Je partis un matin de Paris pour le voir. Arrivée à la grille des Princes, un custode me conduisit à la salle qui le renfermait, dont l'entrée était interdite au public, et le gardien qui nous ouvrit la porte, me reconnaissant pour m'avoir vue à Rome, s'écria: Ah! que je suis heureux de recevoir ici madame Lebrun! Cet homme s'empressa de retourner mon tableau, dont les figures étaient placées contre le mur, attendu que Bonaparte, apprenant que beaucoup de personnes venaient le voir, avait ordonné qu'on l'enlevât. L'ordre, comme on le voit, était bien mal exécuté, puisque l'on continuait à le montrer, au point que le custode, quand je voulus lui donner quelque chose, me refusa avec obstination, disant que je lui faisais gagner assez d'argent.

A la restauration ce tableau fut exposé de nouveau au salon. Il représente Marie-Antoinette ayant près d'elle le premier dauphin, Madame, et tenant sur ses genoux le jeune duc de Normandie.

Je gardais chez moi un autre tableau représentant la reine, que j'avais fait sous le règne de Bonaparte. Marie-Antoinette y était peinte montant au ciel; à gauche, sur des nuages, on voit Louis XVI et deux anges, allusion aux deux enfans qu'il avait perdus. J'envoyai ce tableau à madame la vicomtesse de Château-briand, pour être mis dans l'établissement de Sainte-Thérèse, qu'elle a fondé. Madame de Châteaubriand le plaça dans la salle qui précède l'église, et voici la lettre qu'elle m'écrivit à ce sujet :

« Mercredi, Madame, je serai à vos ordres, « et bien touchée du pieux pèlerinage que vous « voulez bien entreprendre. Madame la com-« tesse de Choiseul a été contente de la place « que nous destinons à votre admirable *rêve*. « Pour moi je la voudrais meilleure ; mais c'est « du moins ce que nous avons de mieux dans « le pauvre établissement qui vous devra un « chef-d'œuvre.

« Agréez, je vous en supplie, Madame, l'ex-« pression de tous les sentimens de reconnais-« sance dont je me trouve heureuse de pouvoir « vous réitérer l'assurance. »

« La vicomtesse DE CHATEAUBRIAND.

« Ce lundi 20 mai. »

Depuis que la paix de mon pays semblait assurée, je ne songeais plus à le quitter, et je partageais mon temps entre Paris et la campagne; car mon goût pour ma jolie maison de Louveciennes ne s'était pas affaibli; j'y passais huit mois de l'année. Là, ma vie s'écoulait le plus doucement du monde. Je peignais, je m'occupais de mon jardin, je faisais de longues promenades solitaires, et les dimanches je recevais mes amis.

J'aimais tant Louveciennes, que voulant y laisser un souvenir de moi, je peignis, pour son église, une sainte Geneviève. Madame de Genlis, qui sut que je m'occupais de cet ouvrage, eut l'amabilité de m'envoyer les vers suivans :

SAINTE GENEVIÈVE.

Prier Dieu, garder ses troupeaux,
Filer, rêver, contempler la nature,
Se reposer sur la verdure
Avec sa croix et ses fuseaux;
Tels furent ses plaisirs, tels furent ses travaux.
Innocente et sainte bergère,
A l'abri des méchans que ton sort fut heureux!
Combien doit t'envier à son heure dernière
Le mondain et l'ambitieux!

ENVOI A MADAME LEBRUN.

J'ai parlé de ses mœurs, j'ai parlé de sa vie,
Mais pour la peindre il fallait vos couleurs.
Et de vos pinceaux enchanteurs
La douce et brillante magie.
Je n'ai pu seulement qu'ébaucher le portrait
Dont votre art et votre génie
Offriront un tableau parfait.

Si je donnais des tableaux on m'en donnait aussi, et de la manière la plus aimable. J'avais souvent témoigné le désir que mes amis s'emparassent des panneaux de mon salon à Louveciennes pour m'y laisser un souvenir. Par un beau jour d'été, à quatre heures du matin, M. de Crespy-le-Prince, le baron de Feisthamel, M. de Rivière et ma nièce Eugénie Lebrun, se mirent silencieusement à l'ouvrage; à dix heures, chacun eut rempli son encadrement. On peut juger de ma surprise lorsqu'étant descendue pour déjeuner, j'entre dans mon salon et le trouve orné de ces charmantes peintures et de fleurs, car c'était le jour de ma fête. Les larmes me gagnèrent, ce fut le seul remerciement que reçurent mes amis.

A Paris, je n'avais point renoncé à mes soirées du samedi. La mort m'avait enlevé mon cher abbé Delille, et plusieurs autres gens de lettres qui long-temps en avaient fait le charme. Mais j'avais formé de nouvelles liaisons, dont quelques-unes m'étaient devenues bien chères. Je parlerai d'abord de M. Briffaut, que madame de Bawr avait présenté chez moi; M. Briffaut, aujourd'hui académicien, était l'auteur d'une tragédie jouée à la Comédie Française avec le plus grand succès (*Ninus II*), et d'une foule de vers charmans; il est certain que son talent seul m'aurait engagée à le rechercher, mais je ne pus le voir souvent sans m'attacher réellement à lui: outre qu'il est impossible de rencontrer un homme dont le commerce soit plus doux et plus sûr, il possède une qualité malheureusement fort rare parmi les gens de lettres; il est exempt d'envie, c'est dans toute la franchise de son ame qu'il se réjouit d'un succès en littérature, obtenu par un autre que lui, et jamais il ne critique amèrement l'ouvrage qui renferme quelques beautés.

Le style épistolaire de M. Briffaut est tout-à-fait remarquable sous les rapports de grâce et d'esprit. Lorsque j'habitais ma campagne et qu'il ne pouvait venir me voir, il m'écrivait; je puis dire que ses lettres me dédommageaient presque de son absence; amitié à part, il en est plusieurs qui peuvent être comparées à celles de madame de Sevigné; aussi les ai-je toutes gardées soigneusement.

Je voyais de même fort souvent M. Després et M. Aimé Martin. M. Després, un des hommes les plus spirituels que j'aie connus, fut rapidement enlevé à la société, qui regrettera toujours ses talens, son honorable caractère et sa conversation si brillante. M. Aimé Martin, j'espère, sera conservé long-temps à l'affection de ses amis, et à l'estime du public qui lui doit plusieurs ouvrages écrits du meilleur style, et pleins d'une morale attrayante.

On m'avait amené aussi M. Désaugiers. Son esprit, sa joyeuse figure suffisaient pour égayer un repas. J'eus le plaisir de lui donner quelquefois à dîner, et je me souviens que cette pauvre princesse Kourakin s'invitait toujours ces jours-là, disant que M. Desaugiers faisait ses délices; au dessert, il ne nous refusait jamais quelques unes de ses charmantes chansons. On sait qu'il en est un grand nombre que rien n'égale pour la verve et la franche gaieté; le comte de Forbin, qui les connaissait toutes, avait soin de lui demander les meilleures, et notre indiscrétion ne parvenait pas à lasser sa complaisance.

Les chansons de Désaugiers, c'était lui-même : ce poète joyeux offrait le type parfait de ce qu'on appelle *un bon vivant:* il aimait le plaisir, la table et le bon vin, quoiqu'il ne lui arrivât jamais de s'enivrer. On peut remarquer parfois au milieu d'un de ses couplets les plus gais, certain vers dont le sentiment vous mouille les yeux; cela tient à ce que Désaugiers était un excellent homme; heureux de vivre et de chanter, il n'a jamais connu ni l'envie, ni la médisance; il n'ambitionnait pas plus les places qu'il n'ambitionnait la fortune, et sans être riche il faisait du bien à sa famille, plus pauvre que lui.

Une personne avec laquelle je m'étais intimement liée était le célèbre peintre que notre art vient de perdre récemment. J'avais connu Gros qu'il avait à peine sept ans; à cette époque je fis son portrait, et j'eus lieu de reconnaître dans ses yeux enfantins son amour pour la peinture, et même son avenir comme grand coloriste. A mon retour en France, cependant, je n'en fus pas moins étonnée de retrouver l'enfant homme de génie et chef d'école. De ce moment commença entre nous une liaison que le temps n'a fait qu'accroître; car je trouvais dans Gros un noble et sincère ami. Son caractère franc et original apportait un grand charme dans nos relations; attendu qu'on pouvait compter sur la sincérité de ses éloges comme sur l'utilité de sa critique. Je reconnaissais l'amitié qu'il me témoignait, en prenant la part la plus vive à tous ses succès. Aussi fus-je bien heureuse de celui qu'il obtint pour son admirable peinture de la coupole de Sainte-Geneviève. Chacun sait que ce bel ouvrage excita l'enthousiasme du public et l'approbation du roi, qui nomma le grand peintre baron.

Gros était resté l'homme de la nature. Susceptible d'éprouver les sensations les plus vives, il se passionnait également pour une bonne action ou pour un bel ouvrage Il se plaisait peu dans le grand monde ; rarement il rompait le silence au milieu d'un cercle nombreux ; mais il écoutait attentivement, et répondait par un seul mot toujours placé très à propos. Pour apprécier Gros, il fallait le voir dans l'intimité. Là son cœur se montrait à découvert, et ce cœur était noble et bon ; une certaine rudesse de ton, qu'on lui a quelquefois reprochée, disparaissait entièrement. Sa conversation était d'autant plus piquante qu'il ne s'exprimait pas comme les autres hommes ; il trouvait toujours des images pleines d'originalité et de force pour rendre sa pensée, et l'on peut dire de lui qu'il peignait en parlant.

La mort de Gros m'a fait éprouver une vive affliction. Peu de jours avant de nous quitter sans retour, il était venu dîner chez moi, et je remarquai avec peine qu'il prenait à cœur quelques critiques inconvenantes qu'il aurait dû mépriser. Comme artiste, comme amie, je regretterai toujours ce grand peintre, et le triste souvenir de sa mort violente rend mes regrets plus amers.

Je me suis laissée entraîner bien au-delà de l'époque de ma vie où j'avais conduit mes lecteurs. J'y reviens. En 1819 M. le duc de Berri marqua le désir de m'acheter ma Sibylle (1) qu'il avait vue à Londres, dans mon atelier, et quoique ce tableau fût peut-être celui de mes ouvrages auquel je tenais le plus, je m'empressai de le satisfaire. Plusieurs années après, je fis le portrait de madame la duchesse de Berri, qui me donnait ses séances aux Tuileries, avec une exactitude bien aimable, outre qu'il est impossible de se montrer plus gracieuse qu'elle ne l'était avec moi. Je n'oublierai jamais qu'un jour, pendant que je la peignais, elle me dit : « Attendez-moi un instant. » Et, se levant, elle alla dans sa bibliothèque chercher un livre où se

(1) La *Sibylle* n'a point été vendue à Rosny avec les autres tableaux de la duchesse de Berri, parce que, faisant partie de l'héritage du duc, elle appartient à son fils.

trouvait un article à ma louange, qu'elle eut la bonté de me lire d'un bout à l'autre.

Pendant une de nos séances, M. le duc de Bordeaux vint apporter à sa mère son cahier d'étude sur lequel le maître avait écrit : *très content*. La duchesse lui donna deux louis. Alors le jeune prince, qui pouvait avoir six ans, se mit à sauter de joie, en s'écriant : «Voilà pour mes pauvres ! et d'abord à ma vieille ! » Quand il fut sorti, madame la duchesse de Berri me dit qu'il s'agissait d'une pauvre femme que son fils rencontrait souvent sur son chemin, et qu'il affectionnait particulièrement. Il était doux de voir cet enfant ressembler par sa bonté à une mère dont le cœur était toujours ouvert aux plaintes des malheureux.

Lorsque la duchesse me donnait séance, j'étais fort impatientée du grand nombre de personnes qui venaient faire des visites. Elle s'en aperçut, et fut assez bonne pour me dire : «Pourquoi ne m'avez-vous pas demandé d'aller poser chez vous ?» Ce qu'elle fit pour les deux dernières séances. J'avoue que je ne pouvais me trouver l'objet d'une aussi douce bienveillance, sans comparer les heures que je consacrais à cette aimable princesse aux tristes heures que m'avait fait passer madame Murat.

J'ai fait deux portraits de madame la duchesse de Berri. Dans l'un, elle est habillée d'une robe de velours rouge, et dans l'autre, d'une robe de velours bleu. J'ignore ce que sont devenus ces portraits.

CHAPITRE XIII.

Pertes cruelles que je fais dans ma famille. — Voyage à Bordeaux. — Méréville. — Le monastère de Marmoutier. — Retour à Paris. — Mes nièces.

Il faut enfin parler des tristes années de ma vie où dans un court espace de temps j'ai vu disparaître de ce monde les êtres qui m'étaient le plus cher. Je perdis M. Lebrun le premier; depuis bien long-temps, il est vrai, je n'avais plus aucune espèce de relations avec lui, mais je n'en fus pas moins douloureusement affectée de sa mort : on ne peut sans regrets se voir séparée pour toujours de celui auquel nous attachait un lien aussi intime que celui du mariage.

Toutefois ce chagrin n'approcha pas de la douleur cruelle que me fit éprouver la mort de ma fille. Je m'étais hâtée de courir chez elle, dès que j'avais appris qu'elle était souffrante; mais la maladie marcha rapidement, et je ne saurais exprimer ce que je ressentis lorsque je perdis toute espérance de la sauver : lorsque j'allai la voir, pour le dernier jour, hélas ! et que mes yeux se fixèrent sur ce joli visage totalement décomposé, je me trouvai mal; madame de Noisville, mon ancienne amie, qui m'avait accompagnée, parvint à m'arracher de ce lit de douleur; elle me soutint, car mes jambes ne me portaient plus, et me ramena chez moi. Le lendemain, je n'avais plus d'enfant ! Madame de Verdun vint me l'annoncer en s'efforçant vainement d'apaiser mon désespoir; car les torts de la pauvre petite étaient effacés, je la revoyais, je la revois encore aux jours de son enfance.... Hélas ! elle était si jeune ! ne devait-elle pas me survivre ?

C'est en 1818 que je perdis ma fille; en 1820 je perdis mon frère. Tant de chagrins qui se succédaient me livrèrent à une si grande tristesse que mes amis, affligés de mes peines, me conseillèrent d'essayer de la distraction et de faire un voyage. Je me déterminai à partir pour Bordeaux. Je ne connaissais point cette ville, et la route qu'il fallait suivre pour m'y rendre devait occuper agréablement mes yeux.

Comme je pris le chemin d'Orléans, j'allai visiter Méréville qui appartient à M. de Laborde. Le père de celui-ci, dont la fortune était immense, a dépensé des millions pour embellir ce séjour vraiment enchanteur. Nulle part on ne peut voir des sites plus variés, de plus beaux arbres, une végétation plus abondante, et nulle part l'art n'est venu ajouter aux beautés de la nature avec un goût mieux entendu. Les fabriques multipliées sont semées sur le terrain sans aucune confusion. Les rochers, qui sont immenses et qui ont ont dû coûter des trésors, les cascades, les temples, les pavillons, tout est à sa place et concourt au charme du coup d'œil. Sur un des points les plus élevés du parc est une colonne dont la hauteur égale celle de la place Vendôme. Du sommet de cette colonne la vue s'étend sur l'ensemble du parc et sur une campagne magnifique dont l'horizon est à vingt lieues de vous. Un des temples, appelé le temple de la Sibylle, est la copie exacte de celui de Tivoli, mais restauré dans son entier avec un soin et un goût parfaits. D'un autre côté, appuyé à l'un des bras de la rivière, est un moulin et plusieurs petites habitations qui rappellent les jolies maisons suisses. Près du château on voit un pont élevé sur des rochers, que le temps et la nature ont pris soin d'embellir en le couronnant de lianes qui tombent en guirlandes dans l'eau bouillonnante. Enfin il serait trop long d'énumérer tout ce qui fait du parc de Méréville un lieu de délices, qui surpasse selon moi tout ce qu'on peut voir en Angleterre dans ce genre. Ce parc a été composé en grande partie par Robert, le peintre en paysage; aussi pourrait-il fournir les modèles des plus délicieux tableaux.

Le château, flanqué de quatre tourelles gothiques, qui lui donnent l'aspect d'un manoir seigneurial, est meublé avec une riche élégance. La salle à manger et le billard sont surtout admirablement décorés, et le superbe plain-pied de ce rez-de-chaussée où les marbres, les bronzes, les bois précieux, les statues, les tableaux, sont prodigués, fait de cette demeure une habitation royale.

J'arrivai à Orléans, où j'allai voir tout ce que cette ville offre de curieux; la cathédrale, entre autres choses, qui se détachait en vigueur noirâtre sur le ciel le plus pur; car depuis mon départ j'avais toujours eu le plus beau temps du monde; aussi, chemin faisant, je courais aux ruines de ces anciens châteaux dont il ne reste que quelques tours et des vieux murs ornés de lierre. Pour un peintre, la route que je suivais est très intéressante; on y trouve à chaque pas de noble débris, qui font naître parfois de tristes réflexions, quand on reconnaît que les guerres et les révolutious détruisent plus en un siècle que le temps ne pourrait le faire en des milliers d'années.

Dès que je fus arrivée à Blois, j'allai visiter le

château de Chambord, cette féerie si romanesque, que l'on ne peut rien voir qui agisse autant sur l'imagination. On s'arrête long-temps devant ces vieilles portes en bois où sont sculptés des salamandres et les chiffres de François Ier; on se raconte l'histoire de ce roi galant et mille autres histoires moins anciennes et moins romantiques. J'aurais voulu pouvoir emporter ces portes pour les faire encadrer. J'aurais bien voulu aussi dessiner l'intérieur de cette tour où sont sculptées trois cariatides, dont deux représentent Diane de Poitiers, et celle du milieu François Ier; mais il faisait une telle chaleur jointe à un vent si violent, qu'étant en nage je ne pus trouver un coin propre à m'abriter. Maintenant, hélas! Éole seul habite ces tours, ces terrasses, et pourtant je ne pouvais quitter une demeure qui est unique dans son genre.

En partant de Blois, je cotoyai les bords de la Loire, qui, comme on sait, sont charmans; mais quand on a voyagé en Suisse, cette vue ne vous fait pas autant d'impression. J'allai à Chanteloup. Ce château est superbe et garde encore les restes de la magnificence du duc de Choiseul. Le parc devait être magnifique; près d'un grand lac se trouve une haute pagode que le duc avait fait construire en mémoire des amis qui l'étaient venus voir dans son exil. Comme tous les noms qu'on y avait inscrits étaient des noms de nobles, la révolution avec son grand houssoir les a effacés, bien qu'ils fussent gravés sur le marbre.

Les appartemens du château sont distribués d'une manière commode et grandiose; ceux du rez-de-chaussée ont été si bien dorés qu'ils sont plus frais que ceux que l'on fait de nos jours. Ce château, de chaque côté, est orné de très belles colonnades.

L'air de ce beau séjour est tellement bienfaisant que l'on s'y sent tout autre qu'ailleurs. A dire vrai, je suis douée sur ce point d'un instinct peu commun; je goûte l'air, comme les gourmets savourent la bonne chère, et je crois que ma santé tient à ma susceptibilité pour n'en respirer que de pur, autant que la chose m'est possible.

L'instinct dont je viens de parler ne m'a point permis de séjourner long-temps à Tours. Cette ville est très belle; mais une odeur de latrines vous poursuit dans toutes les rues. Mon auberge, qui pourtant était la meilleure, m'infectait en dépit des herbes odorantes, des vinaigres dont j'ai soin de me munir en voyage, au point que je n'y pus rester que deux jours. Heureusement, comme, sitôt arrivée dans un lieu, je ne reste jamais en place, j'eus le temps d'aller voir la cathédrale, l'académie, plusieurs châteaux ruinés; puis je traversai la Loire en bateau pour aller pleurer sur les débris du vieux monastère de Marmoutiers. Je fus conduite à ces belles ruines par le directeur de l'académie de Tours. Sitôt après mon arrivée j'avais été lui faire une visite; il me présenta tous ses jeunes élèves; de plus il eut la complaisance de me servir de *cicerone*, ce qui me fut d'un grand secours, attendu qu'il habitait la ville depuis trente-cinq ans, et connaissait à merveille tous les environs.

On ferait des tableaux ravissans de ce qui

reste encore des ruines de Marmoutier. J'aurais voulu me multiplier pour fixer sur le papier ce qu'on abattait en ma présence avec tant de barbarie et de sang-froid! Une bande infernale de chaudronniers détruisait toutes ces belles choses. Il s'était présenté une compagnie de négocians hollandais qui voulaient acheter ce monastère pour en faire une manufacture; ils en offraient 300,000 francs, on les refusa, et plus tard, les vilains chaudronniers l'ont eu pour 20,000, à la condition que ce superbe édifice serait abattu! Les Vandales ne feraient pas pis! Et bien, partout sur ma route j'apprenais des traits de ce genre.

Sous le portail de la seconde entrée du monastère de Marmoutier je dessinai une tour; c'est au-dessous de cette tour que sont inhumés les *Sept Dormans*, dans une chapelle près de la grande église de l'abbaye, où leurs tombes sont taillées séparément dans le roc. On tient par tradition dans Marmoutier que les Sept Dormans étaient sept disciples de saint Martin, qui, ayant renoncé au monde en même temps, et vécu dans une grande sainteté sous sa conduite, moururent dans le monastère sans être atteints d'aucune maladie, et tous sept le même jour. Leur mort, dit-on, fut si douce et changea si peu leurs visages qu'on pouvait croire qu'il dormaient, d'où leur est resté le nom des Sept Dormans. On les honore à Marmoutier comme saints et l'on y chôme publiquement leur fête.

Pour arriver à Bordeaux je traversai Poitiers et Angoulême. Ces deux villes sont pittoresquement placées sur le haut d'une colline. De la première on cotoie des rochers, des maisons bâties en amphithéâtre. La seconde, plus élevée encore, a des environs délicieux; et je ne dois pas oublier de dire que depuis Paris jusqu'à l'approche de Bordeaux, le chemin ressemble à une allée de jardin; il est ferré, battu de manière que l'on n'éprouve aucune fatigue. Ma voiture, qui était très douce, complétait la douceur de ma route. Je me figurais parcourir un grand parc où je peignais des yeux; aussi ne pouvais-je tenir dans les auberges. Je me couchais à huit heures du soir et j'étais tout éveillée à quatre heures et demie du matin, attendant le jour avec une impatience extrême pour me remettre en route : Adélaïde prétendait que j'étais comme un enfant qui veut toujours aller à *dada*.

Arrivée à Bordeaux, je me logeai dans la plus belle auberge, dans l'hôtel *Fumel*, qui avant la révolution appartenait au marquis de ce nom. Cet hôtel est admirablement situé tout en face du port, qui peut contenir des milliers de vaisseaux; l'autre rive qu'on a pour point de vue est terminée par un côteau bien vert, que couvrent çà et là quelques maisons, et pour second plan une longue montagne sur laquelle on aperçoit des châteaux. Je ne saurais exprimer mon extase, mon ravissement à la vue du magnifique tableau qui s'offrit à mes yeux lorsque j'ouvris ma fenêtre; je croyais faire un beau rêve. Tant de vaisseaux en rade, mille barques et bateaux qui vont et viennent dans tous les sens, tandis que les navires restent immobiles; le silence qui règne sur cette immense masse d'eau, tout concourt à vous donner l'idée d'une féerie. Quoique je sois restée près d'une semaine à Bordeaux et que nuit et jour j'aie joui de ce coup d'œil, je n'ai pu m'en lasser, surtout au clair de lune; on voit alors sur les côteaux quelques petites lumières dans les maisons et le tout devient magique.

Le plaisir que je goûtais de ma fenêtre valait seul la peine de faire le voyage, et je ne me repentais point d'être venue à Bordeaux. Il est bien vrai que si je puis parler des beautés de cette ville, je ne saurais rien dire de ceux qui l'habitent; car, à l'exception du préfet, M. le comte de Tournon, qui dessinait, et qui fut très bien pour moi, je n'eus de rapports avec personne. La plupart du temps même, étant logée très haut, les hommes ne me semblaient que des petits points noirs qui allaient et venaient sous mes yeux.

Je ne renonçai pas toutefois à mon habitude de courir la ville et les environs; j'allai voir le cimetière, dont la régularité tout-à-fait sépulcrale me plut infiniment. J'aime que les cimetières soient réguliers, au point que, celui du

Père-La-Chaise excepté, je préfère celui-ci à tout ce que j'ai vu dans ce triste genre. C'est un grand terrain carré, bordé tout autour par une allée de platanes. Les tombes de pierre blanche travaillée avec soin sont toutes de forme antique et placées régulièrement entre les arbres, où des cyprès, des fleurs et une grille noire, les entourent. Dans une des allées sont des pyramides d'un aspect sombre et grandiose, qui renferment une chambre où le cercueil est placé. Au milieu du terrain est la fosse commune semée de simples croix noires. L'uniformité qui règne dans ce lieu présente un coup d'œil qui satisfait les regards et l'esprit; on se croit dans les Champs-Elisiens, et je ne suis sortie qu'à regret de ce dernier asile de l'homme.

Je voulus voir le temple des juifs, bâti sur le modèle du temple de Salomon. C'est un monument très intéressant, et si mystérieux qu'il invite à la prière. Je courus aussi visiter les débris du cirque de Gallien, ces débris sont si imposans! Il ne reste plus que quelques murailles, néanmoins, on peut admirer encore des fragmens d'antiquités romaines, tels que la porte basse, et un amphithéâtre de deux cents sept pieds de long sur cent quarante de large.

La salle de spectacle, qui est superbe, et beaucoup d'autres monumens font de Bordeaux une des plus belles, sinon la plus belle ville de la France, après la capitale.

Je me sus fort bon gré d'avoir entrepris cette longue course, d'autant plus que, grâce à mon amour pour les ruines, je rapportais un porte-feuille plein de dessins faits en route. Si j'apercevais sur mon chemin une vieille tour, aussitôt arrivée à mon auberge, je courais, je grimpais pour la voir de près. Souvent, quand je me mettais à dessiner, quelques habitans de l'endroit venaient m'entourer. Un jour que je me lamentais avec ces bonnes gens sur tant de destructions, un d'eux me dit : « Je vois bien que madame la comtesse avait aussi des châteaux par ici.—Non, répondis-je, mes châteaux, à moi, sont en Espagne. » Le titre de comtesse dont je me voyais gratifiée ne me surprenait nullement, j'étais accoutumée à me voir traitée en grande dame; dans toutes les auberges où je m'arrêtais on me prodiguait les titres. Mais comme je devais cet honneur à ma voiture qui était fashionable, je n'en devenais pas plus fière, j'en payais seulement davantage. Ma santé s'était un peu remise, et je revins à Paris l'esprit beaucoup moins noir.

Ce petit voyage est le dernier que j'aie entrepris depuis lors jusqu'à ce jour. Je repris mes habitudes et mon travail, qui, de toutes les distractions, a toujours été pour moi la plus douce. Quoique j'eusse eu le malheur de perdre tant d'êtres qui m'avaient été chers, je ne restais point isolée. J'ai déjà parlé de madame de Rivière, ma nièce, qui par sa tendresse et ses soins fait le charme de ma vie; je dois aussi parler de mon autre nièce, Eugénie Lebrun, maintenant madame Tripier-le-Franc. Ses études m'empêchèrent d'abord de la voir aussi souvent que je l'aurais voulu; car, dès sa première jeunesse, elle promettait déjà, par son caractère, son esprit et ses grandes dispositions pour la peinture, d'ajouter à mon bonheur.

Je me plaisais à la guider, à lui prodiguer mes conseils, et à la suivre dans ses progrès. J'en suis bien récompensée aujourd'hui qu'elle a réalisé toutes mes espérances, par son aimable caractère et par un talent très remarquable en peinture. Elle a suivi la même route que moi en adoptant le genre du portrait, dans lequel elle obtient un succès mérité par une belle couleur, une grande vérité, et surtout par une ressemblance parfaite. Jeune encore, elle ne peut qu'ajouter à une réputation qu'osait à peine entrevoir sa timidité et sa modestie. Madame Lefranc et madame de Rivière sont devenues mes enfans. Elles me font retrouver tous les sentimens d'une mère, et leur tendre dévouement répand un grand charme sur mon existence. C'est près de ces deux êtres chéris et des amis qui me sont restés que j'espère terminer doucement une vie errante, mais calme; laborieuse, mais honorable.

LISTE

DE

MES PORTRAITS FAITS A PÉTERSBOURG.

---

1 Madame Dimidoff, née Strogonoff.

1 La princesse Menzicoff jusqu'à mi-jambe, tenant son enfant.

1 La comtesse Potocka, en pied, couchée sur un très grand divan, tenant une colombe sur son sein ; cette comtesse est une des plus jolies femmes que j'aie peintes.

1 La jeune comtesse Schouvaloff en buste.

2 Les deux jeunes grandes-duchesses Hélène et Alexandrine, toutes deux très belles.

6

6
Je les ai peintes ensemble tenant le médaillon de l'impératrice Catherine qu'elles regardaient.

5 La grande duchesse Élizabeth en pied, arrangeant des fleurs dans une corbeille.
Deux copies à mi-corps avec les mains.
Plus deux grands bustes avec une main.

2 La grande-duchesse Anne. Deux portraits à mi-corps.

2 La comtesse de Scawronski. Deux bustes.
La même que j'avais peinte à Naples jusqu'à mi-corps.

2 La comtesse de Strogonoff tenant son enfant.
Son mari en pendant à mi-jambes.

1 La comtesse Sammacloff avec ses deux enfans près d'elle.

1 La comtesse Apraxine. Grand buste.

2 La princesse Isoupoff, à mi-jambe. Plus son fils.

2 La comtesse de Worandsoff. Buste.

1 La comtesse Golowin, avec une main.

23

23

1 La comtesse Tolstoy, à mi-jambes, appuyée sur un rocher près d'une cascade.

2 La princesse Alexis Kourakin, et le prince son mari.

2 Le roi de Pologne. Deux grands bustes : l'un en costume d'Henri IV, et l'autre avec un manteau de velours, que j'ai gardé.

1 La petite-nièce du roi de Pologne, jouant avec un petit chien.

1 La princesse Michel Galitzin. Grand buste.

2 La comtesse Dietricten, et le comte son mari.

1 La princesse Bauris Galitzin presque en pied, à mi-jambes.

1 Milord Talbot. Buste.

1 La princesse Sapia passé les genoux, dansant avec un tambour de basque.

1 La fille de la princesse Isoupoff.

1 Madame Koutousoff. Buste.

1 Le baron de Strogonoff.

1 Mademoiselle Kasisky, sœur de la princesse Belloseski.

1 La princesse Alexandre Galitzin.

40

40

1 Madame Kalitcheff.

1 Le comte Potocki.

1 Le comte Litta.

1 La princesse Viaminski.

1 Le jeune prince Bariatinski. Grand buste.

1 Le prince Alexandre Kourakin, deux bustes.

1 Mon portrait jusques aux genoux, en noir, tenant ma palette. Pour l'Académie de Saint-Pétersbourg.

47

A BERLIN.

2 Pastels d'après la reine.

1 L'ambassadrice de Portugal.

1 Une autre dame dont j'ai oublié le nom.

4

A DRESDE.

3 Bustes du portrait de l'empereur Alexandre.

1 La fille de la comtesse Potocka.

1 Une Allemande.

5

PORTRAITS FAITS A LONDRES.

1 La demoiselle Dorset.
1 Madame Chinnery.
2 Ses enfans.
1 Mademoiselle Dillon.
1 Madame Villiers.
1 La margrave d'Anspach.
1 Madame Bering.
1 Le prince de Galles.
1 Madame de Polastron.
1 La comtesse Driedrestein.
1 Le jeune Polastron enfant.
1 Lord Byron.
1 Le prince Bariatinski.
1 Une Américaine très jolie.
1 M. Kepell, fils de la margrave d'Anspach.
3 Portraits de moi.
2 Madame Grassini, deux portraits en sultane, l'un en grand, et l'autre en petit *id.*, plus un buste.

21

21

1 Portrait d'une Irlandaise.

1 Lady Georgine, fille de lady Gordon.

1 Le prince Biron de Courlande, en chasseur.

Plusieurs peints de vue au bord de la mer; points au pastel; puis aussi quelques paysages.

———

24

PORTRAITS DEPUIS MON RETOUR A PARIS.

1 Le portrait de la reine de Prusse, peint d'après l'étude que j'avais faite d'après Sa Majesté, à Berlin. Grand buste.

1 Le prince Ferdinand de Prusse.

1 Le prince Auguste-Ferdinand, leur fils.

1 La princesse Louise, sa sœur, princesse de Radzivill.

1 La princesse Tufakin, dont j'avais fait la tête seulement à Moscou.

———

5

5

1 Madame Catalani avec les mains, chantant debout près du piano.

1 Madame Murat en pied, ayant sa fille près d'elle.

4 Portraits de moi pour mes amies.

3 Trois portraits de madame Grassini; un passé les genoux, le dernier avec une main.

1 M. Ragani, mari de madame Grassini. Grand buste.

1 La vicomtesse de Vaudreuil, nièce de M. le comte de Vaudreuil.

1 Le comte de Vaudreuil. Deux bustes.

1 Deux portraits de la duchesse de Guiche, fille de madame de Polignac.

1 La jeune princesse Potemski, à mi-jambes.

1 Madame Constans. Buste.

1 La comtesse d'Andlau, avec les mains.

2 La comtesse de Rosambeau et la comtesse d'Orglande, filles de la comtesse d'Andlau, toutes deux avec les mains.

2 MM. d'Andlau, leurs deux frères.

25

25

1 Viotti, célèbre violon.

1 La marquise de Groslier, peignant des fleurs.

1 Le bailli de Crussol. Grand buste.

1 Mademoiselle de Grénonville. Buste.

1 Madame Davidoff, avec la main.

1 Pour le roi Charles X, le marquis de Rivière. Buste.

1 Le comte de Coëtlosquet. Buste.

1 Madame de Pront, nièce de M. de Coëtlosquet.

2 S. A. R. la duchesse de Berri, avec les mains.

1 Mademoiselle de Sassenay. Buste.

1 M. Raoul-Rochette. Buste.

1 M. Sapey. Buste.

1 Madame Lafont.

1 Mademoiselle de Rivière.

1 Alfred de Rivière, *idem.*

1 Le baron de Feisthamel avec les mains, peignant.

1 Le baron de Crespy-le-Prince dessinant.

1 MadameDitte.

44

44
1 Madame de Rivière ma nièce, avec les deux mains,
1 Mon portrait de profil, pour la ville de Pétersbourg; on devait, sur la même médaille, graver mon portrait, et celui d'Angélica Koffmann.

DE SOUVENIR :

1 Madame de Suffrein.
1 L'abbé Delille.
1 La comtesse de Las Cazes.
1 Le comte de Chatellux.

50

130 total général.

TABLEAUX.

1 L'apothéose de la reine.
1 La naufragée.

1 La cataracte de Narva.

1 Amphion jouant de la lyre avec trois Naïades.

1 Un vieillard et son petit-fils ; incendie, effet.

1 Près de cent paysages suisses au pastel, faits dans mes deux voyages.

Total général des portraits, 662.

15 tableaux, et près de 200 paysages tant en Suisse qu'en Angleterre.

FIN DU TROISIÈME ET DERNIER VOLUME.

NOTE.

J'ai désiré placer à la fin de ce volume les conseils que j'ai écrits pour ma nièce, madame Lefranc, qui peuvent être utiles aux femmes qui se destinent à peindre le portrait.

SUR LA PEINTURE DU PORTRAIT.

Concernant ce qu'on doit observer avant de commencer le portrait. — Il faut toujours être prêt une demi-heure avant que le modèle n'arrive, afin de se recueillir : c'est une chose nécessaire pour plusieurs raisons.

1° Il ne faut pas se faire attendre; 2° il faut que la palette soit préparée, et faire en sorte de ne pas être tracassée par du monde et des détails d'affaire.

Règle nécessaire — Il faut placer son modèle assis, plus haut que soi; que les femmes le soient commodément; qu'elles aient de quoi s'appuyer, et un tabouret sous les pieds.

Il faut, le plus possible, s'éloigner de son modèle, c'est le vrai moyen de bien saisir le juste ensemble des traits et l'aplomb des signes, tant pour la tournure du corps que pour ses habitudes qu'il est nécessaire d'observer, même pour la ressemblance totale ; ne reconnaît-on pas les personnes par derrière, même sans apercevoir leur visage?

Pour faire le portrait d'un homme (surtout s'il est jeune), il faut le faire tenir un instant debout avant de commencer, pour tracer les signes généraux et extérieurs plus justes. Si on traçait le personnage assis, le corps n'aurait pas d'élégance, et la tête paraîtrait trop rapprochée des épaules. Pour les hommes surtout cette observation est nécessaire, les voyant plus souvent debout qu'assis.

Il faut ne pas placer la tête trop haute dans la toile, cela grandit trop le modèle, et trop bas cela le rapetisse: on doit placer la figure de manière qu'il y ait plus d'espace du côté où est tourné le corps.

Il faut avoir derrière soi une glace, placée de manière à apercevoir son modèle et son portrait, pour pouvoir le consulter très souvent, c'est le meilleur guide, il explique nettement les défauts.

Avant de commencer causez avec votre modèle; essayez plusieurs attitudes, et choisissez non-seulement la plus agréable, mais celle qui convient à son âge et à son caractère; ce qui peut ajouter à la ressemblance; de même pour sa tête : placez là de face ou de trois-quarts, cela ajoute plus ou moins à la vérité des traits, surtout pour le public ; le miroir peut aussi décider à ce sujet.

Il faut tâcher de faire la tête (le masque surtout) dans trois ou quatre séances d'une heure et demie chaque, deux au plus ; car le modèle s'ennuie, s'impatiente (ce qu'il faut éviter), son visage change visiblement, c'est pourquoi il faut le faire reposer, et le distraire le plus possible. Tout cela est d'expérience avec les femmes; il faut les flatter, leur dire qu'elles sont belles, qu'elles ont le tejnt frais, etc., etc. Cela les met en belle humeur, et les fait tenir avec plus de plaisir. Le contraire les changerait visiblement. Il faut aussi leur dire qu'elles posent à merveille; elles se trouvent engagées par là à se bien tenir. Il faut bien leur recommender de ne point amener de sociétés. Toutes veulent donner leur avis, et font tout gâter. Quant aux artistes et aux gens de goût, on peut les consulter. Ne vous rebutez pas si quelques personnes ne trouvent aucune ressemblance à vos portraits; il y a tant de gens qui ne savent point voir.

Tant que vous travaillez à la tête d'une femme, si elle est vêtue de blanc, mettez sur elle une draperie de couleur absente (gris ou verdâtre), afin de ne pas distraire les rayons visuels, et qu'ils puissent se reposer seulement sur la tête du modèle; si cependant vous la peignez en blanc, laissez-en un peu pour la tête, qui doit en être reflétée.

Que le fond derrière le modèle soit en général d'un ton doux et uni, ni trop clair, ni trop foncé; si c'est un fond de ciel, c'est autre chose; mettez du bleuâtre derrière la tête.

Pour peindre la tête au pastel ou à l'huile, il faut établir les masses de vigueur, les demi-teintes, ensuite les clairs. Il faut empâter les lumières, et les rendre toujours dorées; entre les lumières et les demi-teintes; il y a un ton mixte qu'il ne faut pas omettre, il participe du violâtre, du verdâtre, du bleuâtre. Voyez Van Dyck. Les demi-teintes doivent être de ton rompu, et moins empâtées que les lumières; que sa lumière indique fortement ses os et ses parties musculeuses qui cèdent aux premières.

Immédiatement après cette première lumière se trouve

le ton de chair décidé selon le teint de la personne, il se perd avec les tons mixtes et fugaces des demi-teintes.

Les ombres doivent être vigoureuses et transparentes à la fois, c'est-à-dire point empâtées, mais d'un ton mûr, accompagné de touches fermes et sanguines dans les cavités, telles que l'orbite de l'œil, l'enfoncement des narines, et dans les parties ombrées et internes de l'oreille, etc. Les couleurs des joues, si elles sont naturelles, doivent tenir de la pêche dans la partie fuyante, et de la rose dorée dans la saillante, et se perdre insensiblement, avec les lumières occasionnées par la saillie des os (elles sont d'un ton doré); où les lumières doivent toujours être, et se dégrader insensiblement, c'est à l'os du front, à celui de la joue autour du nez, au haut de la lèvre supérieure, dans le coin de l'inférieure, et sur le haut du menton. Il faut observer que la lumière doit diminuer à mesure, et que la partie la plus saillante, et la plus éclairée par conséquent, doit toujours être la lumineuse. Les lumières scintillantes, fines et générales d'une tête sont dans la prunelle, ou dans le blanc de l'œil, selon la position de l'œil et de la tête (ces deux-ci cèdent aux autres de beaucoup, et sont d'un ton moins doré), au milieu de la paupière supérieure, au milieu de la paupière inférieure, ou du moins sur une partie, c'est selon comme la tête est éclairée; ensuite sur le milieu du nez, sur le cartilage, sur la lèvre inférieure: plus le nez de la personne est fin, plus la lumière doit être fine. Il ne faut jamais empâter les prunelles, pour qu'elles soient vraies et transparentes; il faut, le plus possible, les bien détailler, prendre garde de leur faire un regard équivoque, surtout les faire rondes. Il faut observer que quelques personnes les ont plus petites ou plus grandes, mais toujours parfaitement rondes; le haut du cercle de la prunelle est toujours intercepté par la paupière supérieure; à l'œil en colère, la prunelle se voit entièrement. Quand l'œil sourit, la prunelle est interceptée par la paupière inférieure qui la recouvre. Le blanc de l'œil doit être d'un ton vierge et pur dans l'ombre, et la demi-teinte, quoique perdant son vrai ton (de même que tous les objets), ne doit jamais être grise ni d'un ton sale. Il doit refléter quelquefois la lumière du nez, et participer un peu de l'orifice. Les cils dans la partie ombrée se détachent en clair, c'est pourquoi il faut peindre ces tons avec de l'outre-mer dans la partie claire en ombre. L'orbite de l'œil est bien à observer, il est plus ou moins vigoureux ou clair, selon sa forme. Il est composé d'ombres, de clairs, de demi-teintes et de reflets du nez. Le sourcil doit être préparé d'un ton chaud, et l'on doit sentir la chair dessous les petites échappées des poils, qui doivent être faits finement et avec légèreté.

Le battu, l'enchâssement de l'œil est toujours d'un ton fin (plus ou moins, selon la délicatesse et la blancheur de la peau), bleuâtre, violâtre. Il faut bien prendre garde de trop pousser ces tons, cela rendrait l'œil pleureur. C'est pourquoi il faut quelquefois les rompre par des dorés, mais avec ménagement.

Il faut bien observer la partie du front; elle est nécessaire à la ressemblance, et donne en partie le caractère de la physionomie. Les fronts dont l'os a une saillie carrée, tels que Raphaël, Rubens et Van Dyck (comme on peut le voir dans leurs portraits), la lumière s'indique fortement sur leurs saillies. La première est en haut du front, peu de distance après les cheveux. Elle s'interrompt un peu et vient s'asseoir près du sourcil, ce qui fait céder le ton de la tempe, où se décrit souvent la veine bleue, surtout aux peaux délicates ; après cette lumière est un ton de chair entier, qui se dégrade vers le milieu, la lumière se rappelle faiblement sur cette même forme d'os du petit côté, d'une demi-teinte, et se marie doucement par des demi-teintes, qui vont gagner l'ombre qui dessine encore cette même forme de l'os frontal. Après cette ombre il existe un reflet plus ou moins doré, selon la couleur des cheveux : dessous le sourcil, le ton se prépare un peu plus chaud, les poils du sourcil multipliés, font le même effet que des boucles de cheveux qui retomberaient sur un front éclairé. L'ombre en est chaude. (Voyez les têtes de Greuze, observez bien l'habitude des cheveux du modèle que vous peignez, cela ajoute à la ressemblance et à la vérité.) Il faut bien observer les passages qui se verront des cheveux avec la chair, afin de les rendre aussi vrais que possible ; qu'il n'y ait jamais de dureté, et que les cheveux se mêlent bien avec la chair, tant par le contour que par la couleur ; afin que cela n'ait point l'air perruque, ce qui arriverait immanquablement sans ce que je viens d'expliquer.

Les cheveux doivent se dessiner par masse et très peu l'emporter ; le mieux serait de les faire par glacis, la toile produisant souvent des transparens dans l'ombre et dans le ton entier. Les clairs des cheveux ne s'établissent que sur les parties saillantes de la tête ; les boucles des cheveux reçoivent la lumière au milieu et sont légèrement interceptées par quelques légers échappés de cheveux qui viennent en ôter l'uniformité. Il faut toujours que les bords des cheveux (comme métal) participent du ton du fond, ce qui aide à faire tourner les parties fuyantes de la tête.

L'oreille est très nécessaire à bien étudier et à bien mettre à sa place, attendu qu'elle attache le col à la tête ;

il faut le plus possible la faire d'une belle forme; étudiez l'antique ou la belle nature. On peut observer, par exemple, que généralement la nation allemande et surtout autrichienne les ont attachées plus haut qu'elles ne devraient l'être dans la proportion exacte, de même que l'emmanchement de leur col est différent de celui des autres. Il est large, gros, et prend très haut derrière l'oreille; cette nation a le mastoïde très fort. Si l'on peint donc une Allemande, on doit conserver ce trait caractéristique de leur nation, qui se trouve aussi dans l'ossement large de leur front et dans leurs joues assez ordinairement plates et étroites. Il faut le plus possible faire en entier l'oreille, et bien étudier (quitte à mettre par-dessus des cheveux) ses cartilages. Ce qui détermine ses formes doit être d'une couleur chaude et transparente, excepté le trou du milieu qui est toujours vigoureux. Son ton de chair, même dans la lumière, doit céder en général à la lumière de la joue, qui est plus saillante. L'ombre portée de l'oreille sur le col doit être très chaude, le jour passant au travers; la mâchoire doit se décrire d'un ton coloré fin et par de légères demi-teintes pour obtenir la saillie qu'elle doit avoir sur le col; si c'est une tête de femme, les restes du bas de sa mâchoire se décrivent par des tons plus chauds qu'à un homme, à cause des tons de la barbe, qui abasourdit les tons naturellement chauds de la chair. Le ton du col est en général d'un ton très fin, et cède beaucoup au ton sanguin du visage. Il est essentiel de bien observer l'aplomb des clavicules (relativement à la position de la tête) et leur lumière; la poitrine se colore toujours un peu plus près vers le milieu de l'attache des clavicules; en général les parties osseuses, telles que le coude, la rotule, le talon, l'extrémité du doigt, ces parties, dis-je, doivent toujours être les plus fortes en couleur.

Si l'on doit peindre une gorge, éclairez-la de façon qu'elle reçoive bien la lumière; les plus belles gorges sont celles dont la lumière n'est point interceptée, jusqu'au bouton qui se colore peu à peu jusqu'à l'extrémité; les demi-teintes qui font tourner le sein doivent être du ton le plus fin et le plus frais; l'ombre qui dérive de la saillie de la gorge doit être chaude et transparente.

Il y a la même dégradation de lumière sur tous le corps que celle ci-dessus expliquée pour la tête; si la figure est assise, la lumière alors se rappellera très vivement sur les cuisses et dégradera jusqu'au talon.

TABLE

DES MATIÈRES CONTENUES DANS LE TROISIÈME VOLUME.

CHAPITRE I.

CHAPITRE II.

CHAPITRE III.

CHAPITRE IV.

CHAPITRE V.

CHAPITRE VI.

CHAPITRE VII.

CHAPITRE VIII.

CHAPITRE IX.

CHAPITRE X.

CHAPITRE XI.

CHAPITRE XII.

CHAPITRE XIII.

CHAPITRE XIV.

CHAPITRE XV.

FIN DE LA TABLE.

www.ingramcontent.com/pod-product-compliance
Ingram Content Group UK Ltd.
Pitfield, Milton Keynes, MK11 3LW, UK
UKHW020605230726
13926UKWH00005B/2218